JN112973

À la page 2020

– variétés françaises –

Yojiro ISHII ● Michel SAGAZ

nouvelle
orthographe

Editions ASAHI

(Être) à la page : (être) au courant des nouveautés.

まえがき

　2010年度から10年間にわたって多くのクラスで使用されてきた *À la page* シリーズは，今年度から日本人著者が加藤晴久から石井洋二郎に交代しました．引き続きテキストを担当する Michel Sagaz との新たなコンビで，2020年度版をお届けします．

　初級フランス語の学習を終えた人たちを対象に，フランスおよびフランス語圏のさまざまな話題を平易かつ明快な文章で提供するという，このシリーズの基本的なコンセプトは変わりません．本書でも政治，経済，歴史，社会，産業，文化，教育，芸術，スポーツ等々，多岐にわたるトピックがとりあげられていますので，学習者はフランス語の基礎を復習しながら，言葉の背景にある社会や文化の多様な広がりを自然に学べるようになっています．

(1) 各課のはじめには簡単な導入文がありますので，テキストに出てくる話題の文脈や背景を知るための参考にしてください．また，囲み記事ではその課に出てくる文法事項や慣用表現に関するメモを記してありますので，あらかじめ目を通しておけば，本文の理解の助けになるでしょう．

(2) 注は必要最小限にとどめてあります．語学学習にとって最も大切なのは自分で徹底的に辞書を引くことですから，ぜひその習慣をつけてほしいと思います．

(3) 各課の4ページ目には，各課の内容に即した練習問題があります．❶は単語の派生語に関する問題，❷は文法事項を踏まえた書き換え問題や穴埋め問題等，❸は要素を並べ替えて正しい文を作る問題，そして❹はテキストの趣旨が正しく理解できているかどうかを問う正誤問題です．いずれも本文に出てきた語彙や表現を応用して作ってありますので，随時テキストを参照しながら知識の定着をはかってください．

(4) この教科書にはフランス人がテキストを音読した CD が付いています．これを繰り返し聞いて，まずは耳からフランス語を理解する訓練をしてください．そして次に，CD を聞きながら音読し，自分の口でフランス語を発話する練習をしてください．こうしてテキストを文字通り「身につける」ことで，フランス語の力は格段に向上するはずです．

☞ この教科書のテキストは，さまざまな資料を参考にして，語彙や文法のレベルを考慮しながら書き下ろしたものであり，特定の出典はありません．

☞ 本文中，たとえば (3-5) とあるのは「3課の注5を参照」，(*6) とあるのは「6課の〈読解のヒント〉を参照」という意味です．

　フランス国民教育省は，2016年，「新しい綴り字」la nouvelle orthographe を公布しました．本書のテキストはすべて，この新しい綴り字で書かれています．なお，巻末にはその概要を記しておきましたので，適宜参照してください．

目　次》 _____

写真提供クレジット一覧

時事［Tokyo 2020 提供］(p. 21) / AFP ＝時事 (p. 25, 57, 61) / EPA ＝時事 (p. 33, 73) / GRANGER / 時事通信フォト (p. 45) / 時事 (p. 53) / hemis.fr / 時事通信フォト (p. 65) / 写真：AP / アフロ (p. 69) / 写真：HEMIS / アフロ (p. 77) / shutterstock

La devise de la France

フランスの標語

フランス共和国の標語は「自由・平等・友愛」Liberté, Égalité, Fraternité ですが,その正確な成り立ちとなると,案外知らない人が多いのではないでしょうか.「光の世紀」と呼ばれた18世紀の啓蒙時代から今日に至るまでの経緯をたどっていくと,この言葉がそのままフランスという国の歴史とともに歩みながら市民のあいだに定着してきたことがよくわかります.ただしその一方で近年の社会の変化は,これらの理念が今後もずっと普遍的な価値を持ち続けるとは限らないことを物語っているようにも思えます.フランス革命から230年余りを経た今,人々に長年親しまれてきたこの標語を見直すべき時が近づいているのかもしれません.

|||| 読解のヒント ||||

c'est～qui…, c'est～que…は～の部分を強調する表現で,quiは主語の強調,queはそれ以外の要素の強調に用いられます.*C'est* Jean *qui* a fait ce plat.(この料理を作ったのはジャンです);*C'est* au mois de mars *que* j'ai déménagé.(私が引っ越したのは3月です)など.強調される主語が複数名詞でもc'est～はそのまま使えます.

1 » La devise de la France

La devise de la France, c'est « Liberté, Égalité, Fraternité ». Elle apparait[1] au XVIIIᵉ siècle. C'est le siècle des Lumières[2].

Les intellectuels s'opposent aux systèmes traditionnels de la religion, de la monarchie, de l'éducation... Ils veulent développer
5 et diffuser les nouvelles connaissances intellectuelles et scientifiques.

Parmi eux, il y a beaucoup de philosophes célèbres : Diderot, Montesquieu, Rousseau[3]...

Pour les Lumières, certaines valeurs sont importantes : la
10 liberté, l'égalité, la fraternité ; mais aussi l'amitié, la charité, l'union...

C'est pendant la Révolution française que les notions de liberté et d'égalité deviennent deux fondements importants de la France. On les inscrit dans la Déclaration des droits de
15 l'homme et du citoyen de 1789. Son article premier indique : « Les hommes naissent et demeurent libres et égaux en droits. »

Pendant la Révolution, plusieurs devises coexistent. Et, en 1790, c'est Maximilien de Robespierre[4] qui utilise le triptyque[5] « Liberté, Égalité, Fraternité » pour la première fois.

20 Ensuite, les révolutionnaires l'utilisent régulièrement.

1) apparait 従来の綴りでは apparaît.
2) siècle des Lumières 「光の世紀」すなわち啓蒙時代.
3) Diderot, Montesquieu, Rousseau いずれも18世紀フランスを代表する思想家・著述家.
4) Maximilien de Robespierre フランス革命の立役者。36歳で断頭台の露と消えた.
5) triptyque パネルが折り畳める3枚続きの祭壇画。転じて、3つで1組をなすもの.

Alors, cette devise est naturellement associée à la République. Et on l'adopte dans la Constitution de 1848[6] : « Liberté, Égalité, Fraternité » devient officiellement la devise de la République française. C'est seulement à ce moment-là que la Fraternité devient un fondement important de la République. 25

La devise de la France est inscrite sur les façades des établissements scolaires, des mairies, des bâtiments publics, etc. Elle fait partie du[7] patrimoine national, comme Marianne[8] ou le drapeau tricolore. C'est un symbole de la France.

Pourtant, dans le pays des droits de l'Homme, certains[9] 30 disent que la Liberté et l'Égalité ne sont pas bien respectées. Par ailleurs, dans notre monde de plus en plus égoïste, il y a de moins en moins de Fraternité.

Alors, faut-il garder la même devise ? Certains pensent qu'il faudrait en changer[10]. 35

Par exemple, ils disent que les notions de Liberté et d'Égalité appartiennent à la sphère du droit. Mais pour celle de Fraternité, c'est différent : elle appartient à la sphère de la morale. Alors, ils proposent de remplacer le mot « Fraternité » par « Solidarité ».

6) Constitution de 1848　1848 年 11 月に採択された第二共和政の憲法.
7) faire partie de ～　「…の一部をなす」
8) Marianne　フランス共和国を象徴する女性像。「自由の女神」（4 課参照）として知られる.
9) certains　不特定の人々を指す代名詞。男性複数形でのみ用いられる.
10) en changer　〈changer de ～〉で「同じ種類の別のものに取り替える」。ここでは de ～ が人称代名詞の en で受けられている.

Exercices »

I 次の動詞に対応する名詞を書きなさい.

    (1) opposer （   ）   (2) développer （   ）

    (3) inscrire （   ）   (4) respecter （   ）

II 次の各文の下線部を c'est 〜で強調した形にして書き換えなさい.

    (1) La devise de la France apparait au XVIIIe siècle.

       →

    (2) Le directeur s'oppose à votre proposition.

       →

    (3) On inscrit ces idées dans la Constitution du Japon.

       →

III 次の要素を並べ替えて文を作りなさい（文頭に来るものも小文字で始めてあります. 平叙文では文末に point をつけること）.

    (1) de / est / importante / la démocratie / la notion / liberté / pour / très

    (2) de / de / l'Asie / le Japon / l'Est / fait / partie

IV 次のフランス語の文がテキストの内容に一致している場合は○を, 一致していない場合は×を ［ ］ 内に記入しなさい.

    (1) Diderot était l'un des intellectuels du siècle des Lumières qui voulaient diffuser de nouvelles valeurs. ［ ］

    (2) Le triptyque « Liberté, Égalité, Fraternité » est devenu la devise officielle de la France en 1790. ［ ］

    (3) Le mot « Solidarité » n'appartient pas à la même sphère que le mot « Fraternité ». ［ ］

Cent-millions de touristes en France en 2020 ?

2020年には観光客1億人？

　フランスといえば観光大国というイメージがあります．実際，相次いだテロの影響で一時的にかげりが見えたものの，2017年にこの国を訪れた外国人観光客は推定8700万人，2018年は8900万人と順調な伸びを見せており，この調子でいけば1億人の目標達成も夢ではありません．ただ，大半の外国人は有名な観光地に集中しているようで，この波を地方にまで拡げていくことが今後の課題といえるでしょう．日本でも2020年の東京オリンピックを機に外国人観光客の大幅な増加が予想されていますが，大きな経済効果が見込まれる2024年のパリ・オリンピックに向けて，フランスではこれからどのような観光政策が展開されていくのでしょうか．

‖‖ 読解のヒント ‖‖

　中性代名詞のleは具体的な名詞を受けないので，性数変化しません。作家のボーヴォワールSimone de Beauvoir の有名な言葉，« On ne nait pas femme, on *le* devient. »（人は女に生まれるのではない，女になるのだ）のleは，femmeという女性名詞を受けるのではなく，devenirの属詞としてのfemmeを受けています．

Cent-millions de touristes en France en 2020 ?

Le tourisme est un secteur essentiel de l'économie française. En effet, la France est la première destination touristique mondiale. Et elle veut le rester !

Ainsi, en 2014, le gouvernement français s'est fixé
5 un objectif[1) : augmenter le flux touristique et accueillir cent-millions[2) de touristes internationaux en France en 2020.

Malheureusement, peu après, il y a eu des attentats terroristes, notamment à Paris en 2015 et à Nice en 2016[3). Ces deux villes étant très touristiques[4), le nombre de touristes a
10 baissé en France ces années-là.

Heureusement, les touristes sont revenus : en 2017, la fréquentation touristique était exceptionnelle !

On le sait, il y a toujours un risque d'attentat : le risque zéro n'existe pas. Mais les gens continuent à voyager, à visiter, à
15 vivre. C'est une bonne leçon contre l'intégrisme[5) et les terroristes !

Accueillir plus de touristes internationaux, c'est bien ! S'ils séjournent plus longtemps dans l'Hexagone[6), c'est mieux ! Pour cela, la France doit améliorer ses services : la qualité de l'accueil
20 des touristes, la sécurité des sites touristiques, la formation des

1) se fixer un objectif 「(自らに対して) ある目標を定める」. se は間接目的.
2) cent-millions 従来の綴りでは cent millions.
3) à Paris en 2015 et à Nice en 2016 パリでは 2015 年 11 月 13 日，ニースでは 2016 年 4 月 14 日にテロがあり，多くの死者が出た.
4) Ces deux villes étant très touristiques 現在分詞が従属節で独自の主語をとる絶対分詞構文.
5) intégrisme 宗教上の教義を忠実・厳格に守る「原理主義」.
6) Hexagone フランスがほぼ 6 角形をしていることから「フランス本土」の意.

employés, etc.

L'un des problèmes du tourisme international en France, c'est que les touristes voyagent essentiellement dans quelques régions : Paris, la Côte d'Azur, les châteaux de la Loire... C'est normal, car ils veulent visiter les lieux les plus connus ! Mais 25 dans beaucoup d'autres régions, il y a peu de touristes internationaux. En organisant mieux les transports, les touristes voyageraient[7] plus facilement dans la France entière.

Attention, le tourisme ne doit pas être seulement quantitatif. Il doit être aussi qualitatif ! En effet, il semble que 30 les visiteurs étrangers dépensent moins d'argent à Paris que dans d'autres capitales mondiales comme New York ou Londres.

Il y a beaucoup de concurrence dans le tourisme international. Et accueillir cent-millions de touristes en 2020, c'est un défi difficile ! 35

Si c'est possible, tant mieux ! Mais si ce n'est pas possible, tant pis ! Ce sera pour[8] plus tard, par exemple pour 2024 avec l'organisation des Jeux olympiques à Paris !

---

7) voyageraient 条件法現在. 前のジェロンディフが条件を表している.
8) pour 未来の予定時期を表す.

Exercices »

Ⅰ 次の名詞に対応する動詞を書きなさい.

(1) fréquentation （ 　　　　 ） (2) service 　　（ 　　　 ）

(3) transport 　　（ 　　　　 ） (4) concurrence （ 　　　 ）

Ⅱ 次の各文の下線部を中性代名詞の le で受けて書き換えなさい.

(1) J'étais très fatiguée hier, mais je ne suis plus <u>fatiguée</u> ce matin.

→

(2) Tu pourras venir chez moi quand tu voudras <u>venir</u>.

→

(3) Nous ne savions pas du tout <u>qu'il s'était fiancé avec Catherine</u>.

→

Ⅲ 次の要素を並べ替えて文を作りなさい（文頭に来るものも小文字で始めてあります. 平叙文では文末に point をつけること）.

(1) chanterais / d'exercices / en / faisant / mieux / plus / tu / ,

(2) ce / finirai / je / mardi / pour / prochain / travail

Ⅳ 次のフランス語の文がテキストの内容に一致している場合は○を, 一致していない場合は×を ［ ］ 内に記入しなさい.

(1) C'est à cause des attentats terroristes que le nombre de touristes en France a baissé en 2015 et 2016. ［ ］

(2) Pour accueillir plus de touristes internationaux dans des régions peu visitées, la France devrait mieux organiser les transports. ［ ］

(3) Il n'est pas possible d'atteindre pour 2020 l'objectif fixé par le gouvernement français en 2014. ［ ］

3 trois ≫ Il est interdit de trop travailler !

働き過ぎてはいけない

　フランスでは働き過ぎを抑制するための法律が細かく整備されており，カフェやレストラン，ガソリンスタンドなど一部の業種を別として，またパリのシャンゼリゼ Champs-Élysées やマレ Marais 地区などの指定観光地区を除いて，小売店舗の日曜・夜間の営業は原則禁止になっています．フランス人の日常生活になくてはならないパン屋も例外ではありません．しかし 2015 年には，当時の経済大臣で現大統領のエマニュエル・マクロン Emmanuel Macron が規制緩和を盛り込んだ「経済の機会均等・経済活動・成長のための法律」（通称「マクロン法」loi Macron）を成立させ，一定の条件の下でブティックやデパートも日曜営業できるようになりました．

||| 読解のヒント |||

　動詞が条件法に置かれているときは，なぜそうなのかを必ず考えるようにしましょう．「もし〜ならば」という条件が常に文中に明示されているとは限りませんので，その場合は隠れている条件を自分で想像してみなければなりません．また，それ自身が条件を表すこともありますし，語調を丁寧にするための条件法もしばしば見かけます．

3 » Il est interdit de trop travailler !

En France, dans certains départements, les boulangeries ne peuvent pas ouvrir sept jours sur sept[1]. C'est interdit ! Des arrêtés préfectoraux leur imposent un jour de fermeture hebdomadaire. C'est pour le principe d'égalité.

5 　　En effet, imaginez deux boulangeries proches l'une de l'autre[2] : une grande avec plusieurs boulangers et une petite avec un seul boulanger. Comme chaque employé a droit à[3] deux jours de congé hebdomadaire, la petite boulangerie ne pourrait pas ouvrir tous les jours. Mais la grande, si !

10 　　Alors, quand la petite boulangerie serait[4] fermée, les clients iraient dans la grande. Mais si la grande boulangerie ne fermait jamais, il n'y aurait pas de réciprocité. La situation ne serait pas égale !

　　Plusieurs boulangers ont été condamnés à une amende
15 parce qu'ils ont ouvert leur boulangerie sept jours sur sept. Pour eux, cette amende est injuste. Ils veulent simplement travailler.

　　On les comprend. D'un côté[5], le nombre de boulangeries baisse beaucoup en France. D'un autre côté, elles ne peuvent pas ouvrir quand elles veulent. Ce n'est pas logique ! De plus, la
20 situation des boulangers est difficile, notamment à cause de la

1) sept jours sur sept　sur は割合を表す. ここでは「7日中7日」, すなわち毎日.
2) proches l'une de l'autre　「たがいに近い」.
3) avoir droit à 〜　「…の権利がある」.
4) serait　quan の後に用いられた条件法は「たとえ…でも」というニュアンスの条件を表す.
5) d'un côté 〜 , d'un autre côté 〜　「一方では…, 他方では…」

concurrence. En effet, maintenant, les supermarchés aussi vendent du pain !

Et puis, certaines boulangeries sont dans des situations exceptionnelles.

Par exemple, elles se trouvent dans une zone touristique 25 où il y a beaucoup de clients seulement pendant la saison touristique. Le reste de l'année, non ! Si les boulangers ferment un jour par semaine[6] quand les touristes sont là, ils perdent beaucoup d'argent.

Ou bien, s'il n'y a qu'une seule boulangerie dans un village, 30 c'est absurde de la sanctionner parce qu'elle ouvre tous les jours ! D'ailleurs, pour défendre leurs boulangers condamnés, des clients ont créé des pétitions.

Dans une ville où il y a beaucoup de boulangeries et dans un village à la campagne où il n'y a qu'une seule boulangerie, la 35 situation n'est pas du tout la même, ni pour les boulangers, ni pour les habitants ! Or, les arrêtés préfectoraux sont valables pour l'ensemble d'un département.

L'interdiction pour les boulangeries d'ouvrir sept jours sur sept est contestée. D'ailleurs, certains départements l'ont abrogée... 40

....

6) un jour par semaine　par は配分（頻度）を表す. trois fois *par* an「毎年 3 回」など.

Exercices »

I テキストで用いられている次の動詞と反対の意味をもつ動詞を書きなさい.

    (1) ouvrir （　　　　　　）   (2) vendre （　　　　　　）

    (3) perdre （　　　　　　）   (4) défendre （　　　　　　）

II 次の下線部の動詞を条件法現在にして （　　　） 内に入れ, 各文の意味を言いなさい.

    (1) Si la boulangerie la plus proche était fermée, j'aller（　　　　　　）
    dans une autre.

    (2) Même s'il me demandait, je ne l'aider（　　　　　　） pas.

    (3) Nous vouloir（　　　　　　） créer des pétitions pour défendre
    nos boulangers condamnés.

III 次の要素を並べ替えて文を作りなさい（文頭に来るものも小文字で始めてあります. 平叙文では文末に point をつけること）.

    (1) ces / de / deux / l'autre / loin / l'une / villes / se trouvent

    (2) elle / le musée / mois / municipal / par / une fois / visite

IV 次のフランス語の文がテキストの内容に一致している場合は○を, 一致していない場合は×を ［　］ 内に記入しなさい.

    (1) En France, tous les boulangers doivent fermer leur boulangerie
    au moins un jour sur sept. ［　］

    (2) Pour les boulangers, les supermarchés qui vendent du pain sont
    des concurrents embarrassants. ［　］

    (3) Dans les zones touristiques, les boulangers veulent travailler
    sept jours sur sept pendant qu'il y a des touristes. ［　］

La statue de la Liberté

自由の女神

「自由の女神」といえば，大半の人はアメリカのニューヨーク湾，リバティ島にある巨大な像を思い浮かべることでしょう．これはフランスの法学者で歴史家のエドゥアール・ド・ラブレー Édouard de Laboulaye（1811-83）の発案で，フランスが寄附を募ってアメリカの独立100周年を記念して贈ることになったものです．像が完成したのは1886年でしたから，ラブレー自身は実物を目にすることはできませんでした．パリのセーヌ河にある「白鳥の島」Ile aux cygnes にも，ニューヨークのそれよりずっと小さい「自由の女神」像がグルネル橋 Pont de Grenelle のすぐ近くに立っていますが，これは返礼として，フランス革命100周年にあたる1889年にパリ在住のアメリカ人会から贈られたものです．

||| 読解のヒント |||

　長さや重さを表す言い方に注意しましょう．長さは mesurer，重さは peser という動詞にそれぞれ〈数値＋単位〉という形で表し，相手に尋ねるときは combien を用います．Combien *mesurez*-vous ? —Je *mesure* un mètre soixante-cinq.（身長はどれほどですか？— 1 メートル65センチです）; Ce paquet *pèse* deux kilos.（この荷物は 2 キロです）

4 » La statue de la Liberté

La statue de la Liberté est l'une des sculptures les plus célèbres du monde. Ce monument emblématique des États-Unis fait partie⁽¹⁻⁷⁾ du patrimoine mondial de l'UNESCO[1].

Elle a été inaugurée le 28 octobre 1886. Construire un tel
5 monument à la fin du XIXe siècle, c'était un projet très difficile à réaliser : c'était un projet fou !

En effet, la statue de la Liberté est gigantesque. Avec son socle, elle mesure quatre-vingt-treize mètres ! Son nez mesure un mètre cinquante ! Et elle pèse deux-cent-vingt-cinq[2] tonnes !
10 Imaginez : c'est environ le poids de deux avions Boeing 787 Dreamliner[3] !

Mais, savez-vous que cette statue a été offerte aux États-Unis par la France ? C'était pour célébrer, d'une part[4], l'amitié entre les peuples français et américain et, d'autre part, le
15 centenaire de la Déclaration d'indépendance américaine.

Les Américains ont construit le socle. La statue, elle[5], a été construite en France par le sculpteur Auguste Bartholdi. Gustave Eiffel[6], lui, a construit la structure interne en fer.

La statue de la Liberté est immédiatement identifiable,
20 notamment grâce à plusieurs symboles : une couronne à sept

----

1) **UNESCO** United Nations Educational, Scientific and Cultural Organization の略号. フランス語でもそのまま用いる.
2) **deux-cent-vingt-cinq** 従来の綴りでは deux cent vingt-cinq.
3) **Boeing 787 Dreamliner** アメリカのボーイング社が開発した中型ジェット旅客機.
4) **d'une part ~ , d'autre part ~** 「一方では…、他方では…」.
5) **elle** 主語を強調するための強勢形人称代名詞。すぐ後の lui も同様.
6) **Gustave Eiffel** フランスの技師。エッフェル塔の設計者.

pointes sur la tête, une torche enflammée dans la main droite et, dans la main gauche, une tablette qui évoque le droit et sur laquelle est inscrite la date de la Déclaration d'indépendance des États-Unis... Aux pieds de la statue, il y a aussi des chaines[7] brisées.

Ainsi, cette statue est un symbole universel de la liberté, mais aussi de la démocratie, des droits de l'homme, de la paix...

Aux XIXe et XXe siècles, beaucoup d'Européens ont immigré aux États-Unis pour fuir la misère, les persécutions, l'oppression... Ils traversaient l'océan Atlantique en bateau. Comme la statue de la Liberté est située sur Liberty Island, à l'entrée du port de New York, c'était l'un des premiers monuments qu'ils voyaient en arrivant sur le continent américain. Quel symbole !

Il existe des reproductions de la statue de la Liberté dans beaucoup de pays. Parmi celles qui se trouvent au Japon, la plus connue est située à Odaiba, dans la baie de Tokyo.

7) **chaines** 従来の綴りでは chaînes.

Exercices »

I 次の過去分詞には対応する動詞を，動詞には対応する過去分詞を書きなさい.

(1) construit (　　　　　) 　　(2) offert (　　　　　　)

(3) tenir 　(　　　　　) 　　(4) voir (　　　　　　)

II 次の各文の下線部を指示に従って書き換えなさい.

(1) Dans sa main gauche, elle tient une tablette qui évoque le droit.

（現在分詞を使って）→

(2) Aux États-Unis, il y a beaucoup d'immigrés venant d'Europe.

（関係代名詞の qui を使って）→

(3) J'ai rencontré ma petite sœur rentrant de l'école.

（関係代名詞の qui を使って）→

III 次の要素を並べ替えて文を作りなさい（文頭に来るものも小文字で始めてあります. 平叙文では文末に point をつけること）.

(1) environ / fils / mesure / mon / soixante-dix / un mètre

(2) aime / bien / d'autre part, / d'une part, / il / il / travaille / s'amuser / ,

IV 次のフランス語の文がテキストの内容に一致している場合は○を，一致していない場合は×を ［ ］内に記入しなさい.

(1) La statue de la Liberté aux États-Unis pèse environ deux fois plus qu'un avion Boeing 787 Dreamliner. ［　］

(2) C'est pour donner du courage aux immigrés venant d'Europe qu'on a placé la statue de la Liberté à l'entrée du port de New York. ［　］

(3) La statue de la Liberté à Odaiba est l'une des reproductions qui existent dans différents pays. ［　］

5 cinq

» **Discrimination raciale**

人種差別

初 めてパリに行った日本人がまず驚かされるのは、肌の色の異なる人々が当たり前のように街を歩いている光景でしょう。国際連合の統計によれば、外国からやってきてフランスに居住する移民の実数は 2015 年の時点で約 778 万人、全人口に占める割合は11.1％となっていますが、フランスで生まれてフランス国籍をもつ移民2世・3世は定義上「フランス人」なので、この数字には含まれていません。実際にはもっと多くの人々が移民のルーツをもっており、広義の「移民」に属するものとみなされて、さまざまな差別の対象となっています。「自由・平等・友愛」（1 課参照）を標語とするフランスですが、「平等」の理念に反する人種差別には根強いものがあるようです。

読解のヒント

　動詞の複合過去形と半過去形がどのように使い分けられているかに注意しましょう。一般に、複合過去形は起点と終点が限定された行為（状態）、半過去形は起点も終点も限定されない行為（状態）を表します。*J'ai été* étudiant pendant cinq ans.（私は 5 年間学生でした）; *J'étais* étudiant à ce moment-là.（私はあのころ学生でした）

5 » Discrimination raciale

Certains Français[1] issus de l'immigration ne veulent plus vivre en France. Selon eux, ils y sont victimes de racisme.

Pourtant, ils sont nés et ils ont grandi en France, et ils ont la nationalité française. Ils sont victimes de racisme dans leur
5 propre pays. Quel paradoxe !

Ils disent qu'ils n'étaient pas conscients du racisme quand ils étaient très jeunes. Mais à l'adolescence, ils ont compris qu'on les traitait différemment. Par exemple, dans les magasins, les vigiles les surveillaient plus ; dans la rue, la police les contrôlait
10 plus ; souvent, ils étaient refusés à l'entrée des discothèques...

Si cela arrive une ou deux fois, ce n'est pas grave. Mais si cela se répète souvent, année après année[2], la situation devient insupportable.

Eux, ils se sentent français[3] à cent pour cent[4] ! Mais pour
15 certaines personnes, ce sont des immigrés.

Regards mauvais, remarques impolies… Cette discrimination n'est pas liée seulement à une origine étrangère. On les juge en fonction de[5] leur physique — leur couleur de peau par exemple.

Alors, ils se sentent exclus, frustrés… Et parfois, ils quittent
20 la France. Ils partent dans des pays et des sociétés plus ouverts sur

1) **Certains Français** certainsは「いくつかの」を表す形容詞で，一般に不定冠詞を伴わない（1-9 参照）．大文字で始まるFrançaisは「フランス人」だが，属詞としてIl est français (Français). などと言うときは小文字で始めるほうが一般的．
2) **année après année** 「毎年」「来る年も来る年も」．〈～après～〉で同じものの連続を表す．
3) **ils se sentent français** 〈se sentir ＋形容詞（名詞）〉「自分が…であると感じる」．
4) **cent pour cent** 100のうちの100，すなわち「100パーセント」．
5) **en fonction de** 「…との関係において」

cette question : en Australie, au Royaume-Uni, au Canada… C'est dommage, car ces jeunes travaillent souvent dans des secteurs économiques dont la France a besoin — l'informatique par exemple.

La discrimination des Français issus de l'immigration n'est 25 pas un phénomène nouveau. Pourtant, les discriminations raciales sont condamnées par la loi française ! Malheureusement, très peu de plaintes sont déposées[6].

Alors, d'un côté[3-5], la République française est universaliste et elle est contre le communautarisme[7]. Mais, d'un autre côté, 30 son principe d'Égalité n'est pas respecté. En effet, les politiques publiques n'arrivent pas à éliminer les inégalités liées à l'origine et à l'apparence physique des personnes.

Pour résoudre ce problème, il faut en parler plus dans le débat public. Il faut aussi plus de lutte contre les discriminations. 35 Une priorité, c'est l'éducation : il faut agir d'abord à l'école pour lutter contre les préjugés et les discriminations envers les jeunes des minorités visibles.

6) très peu de plaintes sont déposées 〈 déposer une plainte à ～ 〉「…に訴える」.
7) communautarisme 「共同体主義」(共同体 communauté の価値に重点を置く政治思想).

Exercices »

I 次の動詞に対応する名詞を書きなさい.

(1) surveiller (　　　　　)　　(2) contrôler (　　　　　)

(3) répéter (　　　　　)　　(4) exclure (　　　　　)

II 次の下線部の動詞を直説法の複合過去または半過去にして(　　　)内に入れ, 各文の意味を言いなさい.

(1) Il quitter (　　　　　) la France parce qu'il ne vouloir (　　　　　) plus y vivre.

(2) Je se sentir (　　　　　) toujours solitaire quand j'être (　　　　　) très jeune.

(3) Enfin elle comprendre (　　　　　) qu'on la juger (　　　　　) en fonction de sa couleur de peau.

III 次の要素を並べ替えて文を作りなさい(文頭に来るものも小文字で始めてあります. 平叙文では文末に point をつけること).

(1) ai / avait / besoin / dont / il / je / le dictionnaire / lui / prêté

(2) a / à / de / décidé / déposer / elle / la police / une plainte

IV 次のフランス語の文がテキストの内容に一致している場合は○を, 一致していない場合は×を [ ] 内に記入しなさい.

(1) Ceux qui sont issus de l'immigration ne sont pas victimes de racisme s'ils ont la nationalité française. [　]

(2) Il y a des jeunes Français discriminés qui partent dans des pays où ils se sentent moins exclus. [　]

(3) Pour résoudre le problème du racisme, il faut avant tout lutter contre les discriminations à l'école. [　]

6 six ≫ Tokyo 2020

2020年東京オリンピック

東京で第 1 回のオリンピックが催されたのは 1964 年でしたから，2020 年の五輪大会はじつに半世紀以上ぶりの開催ということになります．「近代五輪の父」と呼ばれるフランス人，ピエール・ド・クーベルタン Pierre de Coubertin の功績に敬意を表して，今でもオリンピックの第一公用語はフランス語で，開会式・閉会式や競技場でのアナウンスはすべて最初にフランス語，次に英語，最後に開催国の言語という順番で行われます．フランス語の初歩を学んだ人なら，テレビなどで何度も聞き覚えのある言葉が流れてくるのに気がつくことでしょう．ちなみに日本語で「参加することに意義がある」と訳されている « L'important, c'est de participer. » という有名な言葉もクーベルタンのものです．

||| 読解のヒント |||

　関係代名詞のdontは，後ろに名詞や代名詞を直接置いて「その中に〜がある（いる）」という意味を表すことがあります．Il y avait une centaine d'invités, *dont* le maire de Lyon.（招待客が100人ばかりいて，中にリヨン市長もいた）同様の用法は，12課，15課，16課，17課にも見られますので，確認してみてください．

En 2020, le monde entier a le regard tourné vers le Japon. En effet, les Jeux olympiques (JO) sont organisés à Tokyo. Et plusieurs milliards de personnes les regardent à la télévision.

C'est la quatrième fois que[1] les JO sont organisés au pays
5 du Soleil-Levant[2]. Il y a eu ceux d'hiver, d'abord à Sapporo en 1972, puis à Nagano en 1998. Et Tokyo avait déjà accueilli les JO d'été, il y a cinquante-six ans. D'ailleurs, c'étaient les premiers JO en Asie.

Les JO de 1964 ont transformé le Japon et sa capitale. On a
10 construit beaucoup d'infrastructures sportives, hôtelières et de transports — dont la ligne de train à grande vitesse[3] entre Osaka et Tokyo. Beaucoup de ces infrastructures sont réutilisées pour les JO de cette année.

Les Jeux olympiques et paralympiques de Tokyo ont lieu
15 entre juillet et septembre : c'est la saison la plus chaude au Japon ! Et beaucoup de personnes s'inquiètent pour la santé des athlètes. Plus de dix-mille[4] vont participer à plus de trois-cents[5] épreuves.

Pour cette édition, cinq nouveaux sports ont été ajoutés au
20 programme : l'escalade[6], le skateboard, le surf, le baseball-softball

. . . .

1) C'est la quatrième fois que ～ 「…するのは4度目だ」. quatrième を他の序数詞に替えればいろいろな表現をつくることができる.
2) pays du Soleil-Levant 「日出る国」＝日本.
3) train à grande vitesse 日本では「新幹線」. フランスでは頭文字をとって TGV という.
4) dix-mille 従来の綴りでは dix mille.
5) trois-cents 従来の綴りでは trois cents.
6) escalade 「ボルダリング」.

et le karaté. Bien sûr, l'intégration du karaté représente un symbole, puisque[7] son origine est japonaise !

Au Comité international olympique, il y a deux langues officielles. La première, c'est le français, et la seconde, c'est l'anglais. Ainsi, pendant les Jeux à Tokyo, les annonces seront 25 faites dans ces deux langues et aussi en japonais.

Les JO, c'est la célébration du sport, bien sûr ! Et c'est aussi la célébration de l'amitié entre les pays. Un aspect important, c'est l'échange des cultures. Grâce aux JO, le monde entier connaitra[8] mieux le Japon, et le Japon connaitra mieux le 30 monde entier !

Depuis quelques années, de plus en plus de touristes internationaux voyagent au Japon. Il y en a sans doute[9] beaucoup plus cette année. C'est une bonne occasion pour parler avec des étrangers, avec des Français par exemple ! 35

Les JO ont lieu tous les quatre ans[10]. En 2024, ils seront organisés à Paris !

. . . .

7) puisque　parce que に比べて「既知の理由」を表すニュアンスが強い.「…なのだから当然…」.
8) connaitra　従来の綴りでは connaîtra.
9) sans doute　「おそらく」.「疑いもなく」は sans aucun doute と言うので注意.
10) tous les quatre ans　「4年ごとに」.

Exercices » _____

I 次の形容詞に対応する名詞を書きなさい.

    (1) grand   (   )   (2) chaud   (   )

    (3) nouveau (   )   (4) important (   )

II 次の（   ）内に適切な関係代名詞を正しい形で入れ，各文の意味を言いなさい.

    (1) Les infrastructures (   ) on a construites il y a plus de cinquante ans sont toujours utilisées.

    (2) On a ajouté cinq nouveaux sports au programme, (   ) le karaté (   ) représente la tradition japonaise.

    (3) En 2020, il y aura plus de touristes étrangers avec (   ) nous pourrons parler en anglais ou en français.

III 次の要素を並べ替えて文をつくりなさい（文頭に来るものも小文字で始めてあります. 平叙文では文末に point をつけること）.

    (1) c'est / en France / fois / je / la première / que / voyage

    (2) d'autobus / il y a / les / minutes / quinze / toutes / un service

IV 次のフランス語の文がテキストの内容に一致している場合は○を，一致していない場合は×を ［　］内に記入しなさい.

    (1) C'est à Sapporo que les premiers Jeux olympiques d'hiver ont été organisés au Japon. ［　］

    (2) La ligne de train à grande vitesse entre Tokyo et Osaka a été construite à l'occasion des JO de 1964. ［　］

    (3) Les langues officielles du Comité international olympique sont le français et l'anglais, mais pas le japonais. ［　］

7 sept ≫ Chopin et la France

ショパンとフランス

19 世紀のパリには，多くの芸術家たちが外国から集まってきました．フレデリック・ショパン Frédéric Chopin もそのひとりです．彼が生地のポーランドを離れてフランスにやってきたのは 1831 年，オルレアン家のルイ＝フィリップ Louis-Philippe を国王とする 7 月王政 Monarchie de Juillet が成立して間もないころでした．ショパンはそこで作家や画家，音楽家たちと交流し，さまざまな刺激を受けながら作曲と演奏活動にいそしみます．彼自身はポーランドへの強い愛国心を抱いていたようですが，お墓はパリにあり，今でも彼の墓前には供花が絶えません．彼のような存在を見ると，当時のパリが現代とは違った意味で「グローバル化」していたことがうかがえます．

||| 読解のヒント |||

　文頭に名詞や形容詞，動詞の過去分詞などを置いて，主語の同格として補足説明をする構文があります．*Compositeur célèbre*, Frédéric Chopin était aussi un virtuose du piano.（有名な作曲家であるフレデリック・ショパンはピアノの名手でもあった）；*Fatiguée*, je me suis endormie tout de suite.（疲れていたので私はすぐ眠り込んだ）

7 » Chopin et la France

Frédéric Chopin est un pianiste et un compositeur du XIXe siècle. C'est un virtuose de la musique. Qui ne connait[1] pas[2] son nom aujourd'hui ?

Il est né il y a deux-cent-dix[3] ans, en 1810, près de la capitale de la Pologne. Sa mère était polonaise. Mais savez-vous que son père, Nicolas Chopin, était français ? Il avait quitté[4] la France pour aller travailler en Pologne.

Initié très jeune à la musique, Frédéric est un enfant prodige[5]. Âgé de sept ans seulement, il compose deux polonaises. Un an après, il donne des concerts pour l'aristocratie de Varsovie[6]. Il a quinze ans quand on parle de lui dans la presse internationale pour la première fois. À ce moment-là, il rêve de voyager et de jouer à l'étranger.

En 1830, Frédéric Chopin quitte la Pologne. Il n'y reviendra jamais.

Après un séjour en Autriche, puis en Allemagne, il s'installe en France, à Paris. Il a vingt-et-un[7] ans. Il y vivra jusqu'à sa mort en 1849.

À cette époque-là, Paris est l'une des capitales culturelles du monde. Chopin y rencontre beaucoup de personnalités

---

1) connait 従来の綴りでは connaît.
2) Qui ne connait pas ～ ? 反語表現.「誰が…を知らないことがあろうか」「誰もが…を知っている」.
3) deux-cent-dix 従来の綴りでは deux cent dix.
4) Il avait quitté 直説法大過去.「ショパンが生まれるより前に…」というニュアンス.
5) enfant prodige「神童」. なお, ここからしばらくは記述が現在形になっているが, これは présent historique（歴史的現在）と呼ばれる文体（19課参照）.
6) Varsovie フランス語で「ワルシャワ」.
7) vingt-et-un 従来の綴りでは vingt et un.

artistiques : Balzac, Berlioz, Delacroix, Liszt… Il y rencontre également sa compagne, l'écrivaine[8] George Sand.

Chopin, qui avait une santé fragile, est mort prématurément de la tuberculose. Il avait trente-neuf ans. Il repose au cimetière parisien du Père-Lachaise.　　　　　　　　　　　　　　　　　25

Parfois, la nationalité de Chopin fait débat. Pour certains, son père était français, donc il est français ! D'ailleurs, il a obtenu la nationalité française en 1835. Pour d'autres, il est né et a grandi en Pologne, donc il est polonais !

Chopin, lui, se disait polonais[9]. Mais on pourrait dire que　30 la France est l'autre patrie de Chopin : il y a passé la moitié de sa vie et y a composé la majeure partie de son œuvre.

C'est l'un des plus grands compositeurs de musique, l'un des plus célèbres pianistes. Sa musique est encore aujourd'hui l'une des plus jouées. Alors, la question de la nationalité　35 polonaise ou française de Chopin est-elle si importante ? Sans doute pas.

En tout cas, sa musique, elle, est universelle !

---

8) écrivaine 「女流作家」. かつては écrivain に女性形がなく，特に区別する場合には femme écrivain と言っていたが，近年は女性形が用いられるようになった. 同様の例に avocate（女性弁護士）など.

9) se disait polonais 〈se dire 〜〉「自分が…だという」. polonais は se の属詞.

Exercices »

I 次の国名に対応する形容詞を書きなさい.

(1) Allemagne　（　　　　　　）　(2) Chine　（　　　　　　）

(3) Corée du Sud （　　　　　　）　(4) Espagne （　　　　　　）

II 次の各文の下線部を y で受けて書き換えなさい.

(1) Frédéric Chopin est né <u>près de la capitale de la Pologne</u>.

　→

(2) Il a vécu <u>en Pologne</u> jusqu'à l'âge de vingt ans.

　→

(3) Nous avons rencontré une pâtissière japonaise <u>à Paris</u>.

　→

III 次の要素を並べ替えて文をつくりなさい（文頭に来るものも小文字で始めてあります. 平叙文では文末に point をつけること）.

(1) de / cette / écrivaine / la mort / ne / pas / qui / regrette / ?

(2) crois / il / je / le / mais / ne / pas / journaliste / se dit / ,

IV 次のフランス語の文がテキストの内容に一致している場合は○を, 一致していない場合は×を ［　］内に記入しなさい.

(1) Dès l'âge de sept ans, Frédéric Chopin a donné des concerts pour l'aristocratie de Varsovie. ［　］

(2) Chopin a connu à Paris beaucoup d'artistes célèbres dont sa future compagne George Sand. ［　］

(3) La question de la nationalité de Chopin est très importante parce que sa musique est aujourd'hui l'une des plus jouées. ［　］

8 huit ≫ La nouvelle orthographe

新しい綴り字

フランス語の単語の綴り字はだいたい発音と対応していますが，それでも「なぜ？」と首をかしげたくなるようなケースが少なくありません．特にアクサン記号 accent の有無や使い分けには規則性のない場合が多く，フランス人でも間違える人が結構います．そんな状況を踏まえて，1990 年には綴り字をできるだけ実際の発音に近づけて簡略化するような改革案が提唱され，2016 年以降はもっぱら新しい原則に従って教育が行われることになりました．« nouvelle orthographe » というキーワードでインターネット検索してみると，具体的な改革の内容を詳細に解説したサイトがいくつか見つかりますので，興味のある人は覗いてみてください．

┃┃読解のヒント┃┃

　代名動詞の使い方には大きく分けて，動詞の作用が主語自身に及ぶ場合（再帰的用法），複数の主語が同じ行為をし合う場合（相互的用法），受動態と同じく受け身を表す場合（受動的用法）の 3 種類があります．代名動詞が出てきたときは，それがどの用法で使われているかを必ず確認するようにしてください．

8 » La nouvelle orthographe

En français, on ne prononce pas certaines lettres écrites, comme le « p » dans « comp<u>t</u>er » ou dans « sep<u>t</u> ». Ou bien, un même son peut s'écrire de plusieurs façons : dans « dic<u>t</u>ionnaire », « <u>ç</u>a » et « di<u>x</u> », les lettres « t », « ç » et « x » se prononcent de la même ⁵ façon. Ce n'est pas logique !

Si¹⁾ l'orthographe française est complexe, c'est à cause de son évolution historique. Pourtant, au cours des siècles, il y a eu plusieurs réformes pour essayer de la simplifier !

En 1990, le Conseil supérieur de la langue française ¹⁰ (CSLF)²⁾ a proposé des rectifications pour l'orthographe : simplification de graphies, suppression d'irrégularités, etc.

Il a travaillé avec l'Académie française³⁾. Comme la langue française est employée dans beaucoup de pays, il a travaillé aussi avec les CSLF du Québec et de la Belgique, par exemple.

¹⁵ Ces rectifications modifient l'orthographe de cinq-mille⁴⁾ mots : des adjectifs, des adverbes, des noms, des conjugaisons, etc. Ne vous inquiétez pas : la moitié de ces mots sont rares !

En moyenne, seulement un mot par page d'un livre ordinaire est modifié ; et souvent, il s'agit simplement d'un ²⁰ accent⁵⁾. Par exemple, sauf exception, on ne met plus l'accent

1) Si ～ 仮定ではなく, 事実を提示する si の用法. 「…であるのは」.
2) Conseil supérieur de la langue française (CSLF) 「フランス語高等評議会」. フランス語のあり方について政府に助言をおこなう国立の機関.
3) Académie française フランス語の純正化・統一化を重要な任務とし, 1694 年以来「アカデミー・フランセーズ辞典」を刊行している.
4) cinq-mille 従来の綴りでは cinq mille.
5) il s'agit de ～ 「…に関わることである」

circonflexe sur les lettres « i » et « u ». On écrit : « aout, diner, gout, ile[6]… »

Depuis trente ans, il y a simultanément deux orthographes possibles en français : l'orthographe *traditionnelle* et la *nouvelle* orthographe. 25

Toutefois, depuis 2016, selon l'Éducation nationale française[7], la référence pour l'enseignement de l'orthographe, c'est la nouvelle orthographe.

Bien sûr, ceux qui ont appris l'orthographe traditionnelle peuvent encore l'utiliser ! Cependant, elle présente quelques 30 problèmes. Par exemple, il y a beaucoup de variantes pour l'orthographe de mots, leurs accords, etc. Les dictionnaires les plus connus se contredisent pour l'orthographe de certains mots !

Alors, pour les jeunes générations, l'apprentissage de 35 l'orthographe parait[8] plus approprié avec la nouvelle orthographe : elle est plus simple, plus régulière, plus cohérente.

6) aout, diner, gout, ile 従来の綴りでは順に août, dîner, goût, île.
7) Éducation nationale française 日本の文部科学省に相当する Ministère de l'Éducation nationale（国民教育省）のこと. 2018 年 10 月からは Ministère de l'Éducation nationale et de la Jeunesse（国民教育青少年省）となっている.
8) parait 従来の綴りでは paraît.

Exercices ＞＞ _____

I 次の名詞に対応する動詞を書きなさい.

　　(1) évolution　　(　　　　　　　)　　(2) suppression　(　　　　　　　)

　　(3) conjugaison　(　　　　　　　)　　(4) apprentissage (　　　　　　　)

II 次の各文の代名動詞が再帰的用法の場合は A，相互的用法の場合は B，受動的用法の場合は C を ［　　］ 内に記入しなさい.

　　(1) Comment vous appelez-vous ? ［　　］

　　(2) Cela ne se comprend pas facilement. ［　　］

　　(3) Ils se téléphonent une fois par jour. ［　　］

　　(4) Il est seulement dix heures ; ne te dépêche pas tant. ［　　］

　　(5) Vous avez mal dormi hier soir, ça se voit. ［　　］

III 次の要素を並べ替えて文をつくりなさい（文頭に来るものも小文字で始めてあります. 平叙文では文末に point をつけること）.

　　(1) c'est / elle / est / malade / ne vient pas / que / son père / si / ,

　　(2) de / de / il / j'ai / l'avenir / fille / ma / s'agit / un problème / ;

IV 次のフランス語の文がテキストの内容に一致している場合は○を，一致していない場合は×を ［　　］ 内に記入しなさい.

　　(1) En français, la prononciation ne correspond pas toujours à l'orthographe. ［　　］

　　(2) À cause de la modification de l'orthographe, il sera plus difficile de lire un livre pour les vieilles générations. ［　　］

　　(3) Depuis 2016, on ne peut plus utiliser l'orthographe traditionnelle. ［　　］

Les droits des homosexuels

同性愛者の権利

　フランスでは1999年にpacte civil de solidarité（PACS：民事連帯契約法）が成立し，ようやく同性カップルにも異性カップルと同様の法的権利が認められることになりました．その後，最も早く同性婚を合法化したのはオランダで，2001年．以後，フランスを含めたヨーロッパ諸国やアメリカ合衆国，南米やオセアニアの諸国でも次々と男性同士・女性同士の結婚が合法化され，2018年末の時点ではすでに20数か国が同性婚を認めています．とはいえ，これで同性愛者に対する偏見が解消されたわけではなく，フランスでも根強い差別意識はまだまだ残っているのが実情です．日本はまだ対応が遅れていますが，何よりも重要なのは，まず性的マイノリティに対する偏見をなくしていくことでしょう．

読解のヒント

　フランス語では英語から入ってきた言葉がそのまま使われる場合と，独自の表現に置き換えられる場合があります．weekend（従来の綴りではweek-end）やparkingなどは前者の例，mondialisation（英語のglobalization）などは後者の例です．ただし後者については globalisation というフランス語もほとんど同義で用いられています．

9 » Les droits des homosexuels

neuf

En France, jusqu'à la fin du XVIIIᵉ siècle, l'homosexualité était un crime passible de[1] la peine de mort. Et elle n'est plus dans la liste des maladies mentales seulement depuis 1981. Au cours des siècles, les personnes homosexuelles ont été

5 persécutées, discriminées…

Aujourd'hui encore, la norme dans la société, c'est l'hétérosexualité. Et les droits des homosexuels ne sont pas encore égaux à ceux des hétérosexuels. Il reste[2] donc beaucoup de progrès à faire !

10 Toutefois, leur situation s'est améliorée et leurs droits ont beaucoup progressé, surtout au cours des vingt ou trente dernières années.

Par exemple, les couples homosexuels n'avaient aucune reconnaissance légale jusqu'en 1999. Cette année-là, le PACS a

15 été créé. Grâce à lui, ils ont pu avoir des droits sociaux, des droits fiscaux, etc. C'est une étape très importante !

Mais la plus grande avancée, c'est sans doute le mariage homosexuel. En 2013, la France a été le quatorzième pays dans le monde à l'autoriser. Dès lors, qu'ils soient homosexuels ou

20 hétérosexuels[3], les couples mariés ont les mêmes droits, y compris[4] celui de pouvoir adopter des enfants.

. . . .

1）passible de 「(罰などを) 課せられるべき」.
2）Il reste 〜 il は非人称の仮主語で，実質上の主語が後に来る構文.
3）qu'ils soient 〜 ou 〜 〈que ＋接続法〜 ou 〜〉「…であれ…であれ」.
4）y compris 「…を含めて」. 名詞の後に置かれる場合は性数が一致する.

••• CD
10

Parallèlement à l'obtention de droits pour les homosexuels, la lutte contre l'homophobie[5] s'est développée. Par exemple, ces dernières années, beaucoup d'associations ont été créées pour la défense des personnes homosexuelles. Également, depuis 2004, les propos homophobes sont punis par la loi comme les propos racistes.

Cependant, les propos, les insultes et les agressions homophobes augmentent.

Il y a donc un paradoxe dans la société française. D'un côté[3-5], les droits des homosexuels et la lutte contre l'homophobie progressent. D'un autre côté, les mentalités des gens ne changent pas, ou pas beaucoup.

Dans le futur, pour tout le monde, et notamment pour les jeunes générations, sans doute que[6] l'homosexualité deviendra quelque chose de banal[7].

En effet, elle est de plus en plus visible de nos jours[8] : dans la société, dans les médias… Par exemple, de plus en plus de personnes, célèbres ou anonymes, font leur coming out[9] : dans le monde politique et artistique, sur les réseaux sociaux[10]…

. . . .

5) homophobie 「同性愛嫌悪」. -phobie という語尾は「嫌悪」を表す.
6) sans doute que〜 一部の副詞（句）が前に置かれたときは続く文を que でつなぐことがある.
7) quelque chose de banal quelque chose, quelqu'un, rien などの不定代名詞は de を介して形容詞（常に男性単数形）を後ろに置く.
8) de nos jours 「今日では」「現代では」.
9) coming out 英語の表現がそのまま用いられた例.
10) réseaux sociaux 英語の social networks がフランス語化された例.

Exercices »

I 次の動詞に対応する名詞を書きなさい.

    (1) persécuter （　　　　　　　）   (2) autoriser （　　　　　　　）

    (3) adopter　　（　　　　　　　）   (4) créer　　（　　　　　　　）

II 次の（　　　）内に適切な指示代名詞 (celui, celle, ceux, celles) を入れ，各文の意味を言いなさい.

    (1) La lutte contre l'homophobie et （　　　　　） contre le racisme se sont beaucoup développées.

    (2) Les couples homosexuels ont le droit d'adopter des enfants ainsi que （　　　　　） de se marier.

    (3) Qu'ils soient célèbres ou anonymes, le nombre de （　　　　　） qui font leur coming out ne cesse d'augmenter.

III 次の要素を並べ替えて文をつくりなさい（文頭に来るものも小文字で始めてあります. 平叙文では文末に point をつけること）.

    (1) comprise / j'ai / la table / mes / meubles / tous / vendu / y / ,

    (2) a-t-il / dans / de / le journal / nouveau / quelque chose / y / ?

IV 次のフランス語の文がテキストの内容に一致している場合は○を，一致していない場合は×を ［　］内に記入しなさい.

    (1) En France, l'homosexualité était considérée comme une maladie mentale jusqu'en 1981. ［　］

    (2) C'est le PACS qui a autorisé le mariage homosexuel. ［　］

    (3) Bien que les propos homophobes soient punis par la loi, il y a toujours des gens qui adressent des insultes aux homosexuels.

                                                ［　］

10 》 **Notre-Dame de Paris**
dix

パリのノートル＝ダム大聖堂

2019 年 4 月 15 日夜（現地時間），パリのノートル＝ダム大聖堂 Notre-Dame de Paris が火災に遭い，尖塔が崩れ落ちたというニュースが世界を駆け巡りました．12 世紀半ばに着工され，およそ 180 年かけて完成したこの壮麗な寺院は，1991 年にユネスコの世界遺産 patrimoine mondial に登録されたゴシック建築の傑作であるのみならず，歴史上の主要なできごとの舞台となってきた象徴的存在であるだけに，人々に与えた衝撃は計り知れません．マクロン大統領は即座に再建への決意を明言しましたが，聖堂がふたたび昔の姿を取り戻すまでには相当の時間を要することでしょう．世界的な至宝が一日も早くよみがえることを願わずにはいられません．

┃┃┃ 読解のヒント ┃┃┃

〈que ＋接続法 ou non〉で「…であろうとなかろうと」という意味になります．*Qu'*elle le *veuille ou non*, elle devra accepter cette proposition.「望もうと望むまいと，彼女はこの提案を受け入れざるをえないだろう」．queの前にsoitをつけることもあります．*Soit qu'*il *pleuve ou non*, je partirai.「雨が降ろうと降るまいと，私は出発します」

Cathédrale majestueuse située sur l'ile[1] de la Cité, au cœur du Paris médiéval[2], Notre-Dame de Paris est un chef-d'œuvre de l'architecture gothique. Sa construction a commencé en 1163. Au XIIe siècle, c'était un chantier gigantesque !

5   Pendant sa longue histoire, Notre-Dame a connu[3] beaucoup d'évènements[4]. On y a célébré le sacre de Napoléon Ier, en 1804, et la libération de Paris, en 1944, par exemple.

On y a organisé des cérémonies religieuses pour le décès de plusieurs grandes personnalités : des présidents de la République (Charles de Gaulle, Georges Pompidou, François Mitterrand…), Paul Claudel[5], l'Abbé Pierre[6], Sœur Emmanuelle[7]…

Plus récemment, les cloches de la cathédrale ont sonné en hommage aux victimes de l'attentat au journal *Charlie Hebdo*[8], en janvier 2015.

15   Bref, Notre-Dame a traversé l'histoire de France. Et, que l'on soit croyant ou non, c'est un symbole du pays.

Elle est appréciée non seulement par les Français, mais aussi par les étrangers. En effet, jusqu'en 2019, c'était le monument historique le plus visité d'Europe, avec treize-millions[9] de visiteurs par an, soit trente-mille[10] par jour !

1) ile 従来の綴りでは île.
2) au cœur du Paris médiéval 固有名詞の Paris に定冠詞がついているのは médiéval という形容詞で限定されているから.
3) a connu connaitre はしばしば人間以外を主語として「(できごとなどが) ある」の意になる.
4) évènements 従来の綴りでは événements.
5) Paul Claudel (1868 — 1955) 詩人・劇作家・外交官. 1921年から27年まで日本大使を務めた.
6) Abbé Pierre (1912 — 2007) 司祭として貧民救済に生涯を捧げ, 尊敬を集めた.
7) Sœur Emmanuelle (1908 — 2008) 修道女として慈善活動に生涯を捧げ, 人々に慕われた.

Malheureusement, dans la soirée du lundi 15 avril 2019, Notre-Dame de Paris a brulé[11]. Ce jour-là, l'émotion était très grande, en France bien sûr, mais aussi dans le monde entier.

Elle a été partiellement détruite ; plusieurs œuvres d'art ont brulé ; des vitraux ont explosé... La plus grande perte, c'est 25 sans doute la charpente. Elle datait du XIIIᵉ siècle ! Elle est irremplaçable...

La célèbre flèche aussi a disparu. Elle avait été réalisée par l'architecte Viollet-le-Duc[12], au XIXᵉ siècle. C'était au moment de la restauration de la cathédrale. 30

En effet, pendant la Révolution française, qui était anticléricale, Notre-Dame avait été vandalisée, pillée. Et finalement, elle avait été transformée en entrepôt !

Après la Révolution, Notre-Dame était délabrée ; les autorités voulaient la démolir complètement ! Mais l'écrivain 35 Victor Hugo voulait la sauver, car il admirait cette cathédrale et l'art gothique. Pour cela, il a écrit son célèbre *Notre-Dame de Paris*[13]. Avec ce roman, la cathédrale est entrée dans le patrimoine français.

---

8) *Charlie Hebdo* 週刊の風刺新聞. 2015 年 1 月にイスラム過激派のテロ攻撃を受け, 編集長や風刺漫画家など 12 名が殺害された.

9) treize-millions 従来の綴りでは treize millions.

10) trente-mille 従来の綴りでは trente mille.

11) brulé 従来の綴りでは brûlé.

12) Viollet-le-Duc (1814 − 79) 建築家・建築理論家. パリのノートル゠ダム大聖堂やヴェズレーの聖マドレーヌ教会などの修復に携わる.

13) *Notre-Dame de Paris* 1831 年刊行の小説. 主人公は美しい少女エスメラルダに恋心を抱く醜い鐘撞き男のカジモド.

Exercices »

Ⅰ 次の形容詞に対応する名詞を書きなさい.

(1) majestueux（　　　　　） (2) long （　　　　　）

(3) religieux （　　　　　） (4) malheureux（　　　　　）

Ⅱ 次の各文を能動態にして書き換えなさい.

(1) Cette architecture est beaucoup appréciée par les Français.

→

(2) Ce film a été réalisé par Jean-Luc Godard.

→

(3) Notre-Dame avait été vandalisée pendant la Révolution française.

→

Ⅲ 次の要素を並べ替えて文を作りなさい（文頭に来るものも小文字で始めてあります. 平叙文では文末に point をつけること）.

(1) a connu / ce / grand / policier / roman / succès / un

(2) cette / d'accord / je / maison / non / ou / que / sois / tu / vais / vendre / ,

Ⅳ 次のフランス語の文がテキストの内容に一致している場合は○を，一致していない場合は×を ［　］ 内に記入しなさい.

(1) Notre-Dame de Paris est un symbole de la France aussi pour les non-croyants. ［　］

(2) La célèbre flèche de Notre-Dame de Paris, qui a disparu le 15 avril 2019, datait du XIIIᵉ siècle. ［　］

(3) C'est grâce au roman de Victor Hugo que Notre-Dame de Paris a échappé à la démolition. ［　］

11
onze
L'apprentissage des langues

外国語の学習

い わゆるグローバル化の進行とともに，日本でも英語学習の必要性がますます増して いますが，その一方で，他の外国語学習の比重が軽くなる傾向があることは否定で きません．しかし複数の外国語を学ぶことは，単にコミュニケーションツールをもう１つ 増やすだけでなく，世界の見方そのものを飛躍的に拡大させるという重要な意義があります． フランスでは「欧州連合」Union européenne（UE）が発足した1992年に早くも高校に「ヨ ーロッパ・東洋言語科」sections européennes ou de langues orientales（SELO）が設け られ，2008年には高校卒業段階で少なくとも２つの外国語を使えるようになることが国の 目標として定められました．日本にとっても大いに参考になる試みではないでしょうか．

▌▌読解のヒント▌▌

副詞のbienが不定法の動詞とともに用いられるときは，一般に前に置かれます．Il faut *bien* réfléchir avant d'agir.（行動する前によく考えなければならない）；また，複合時 制では過去分詞の前に置かれるのが普通です．J'ai *bien* travaillé aujourd'hui.（今日はよ く働いた）

41

11 » L'apprentissage des langues

L'Union européenne est multilingue[1] : dans ses divers pays, on parle beaucoup de langues. Ces langues sont une richesse. Alors, d'une part[(4-4)], l'Union européenne essaie de les protéger. Et d'autre part, elle veut développer leur apprentissage.

5   Apprendre des langues étrangères, c'est essentiel pour la communication et les échanges entre les habitants et les pays.

En effet, si l'on[2] parle plusieurs langues, c'est plus facile d'aller voyager ou étudier dans un autre pays, voire d'aller y travailler ; beaucoup d'entreprises ont besoin d'employés
10 plurilingues. Également, en apprenant une langue étrangère, on apprend aussi la culture du pays ; donc, cela permet de mieux comprendre ses habitants, de mieux communiquer avec eux...

Si tout le monde pouvait[3] parler deux langues en plus de sa langue maternelle, ce serait bien !

15 En France, pour développer l'apprentissage des langues, on a créé les sections européennes ou de langues orientales (SELO) dans les lycées.

Sept langues sont proposées dans les sections européennes : allemand, anglais, espagnol, italien, néerlandais, portugais et
20 russe. Et quatre sont proposées dans les sections orientales : arabe, chinois, japonais et vietnamien.

. . . .

1) **multilingue** 後出の plurilingue とほぼ同義. 人については polyglotte とも言う.

2) **l'on** si, que などの後に on が来る場合, 母音の衝突を避けるため l'on と書くことがある.

3) **pouvait** si の後の直説法半過去は, 可能性の低い仮定を表す.

Pour entrer dans une SELO, il n'y a pas de condition particulière. Mais une chose est indispensable : il faut que[4] les élèves soient motivés par l'apprentissage des langues et des cultures étrangères ! 25

En effet, en plus des[5] cours habituels, les élèves de SELO ont des cours spécifiques. Bien sûr, ils étudient, de façon approfondie, la langue et la culture du pays de leur section. Ils étudient aussi des « disciplines non linguistiques » dans la langue de leur section. Par exemple, ils peuvent étudier les 30 mathématiques en russe, ou bien l'économie en vietnamien. C'est intéressant !

Traditionnellement, en France, les élèves ont un choix assez limité pour les langues étrangères qu'ils peuvent étudier : l'anglais (la plus étudiée), l'espagnol, l'allemand, l'italien… Avant 35 les SELO, il y avait donc assez peu de diversité. Et il y avait aussi un grand déséquilibre en faveur de[6] l'anglais !

Toutes les langues et les cultures sont égales. Et diversifier l'enseignement des langues est primordial. Pour cela, l'existence des SELO est importante. 40

---

4) il faut que 〜　接続法を要求する表現.「…でなければならない」.
5) en plus de 〜　「…に加えてさらに」.
6) en faveur de 〜　「…が有利になるように」「…を優先して」.

Exercices »

I 次の形容詞に対応する国名を書きなさい（定冠詞をつけること）.

(1) anglais （　　　　　　）　(2) portugais （　　　　　　）

(3) italien （　　　　　　）　(4) chinois （　　　　　　）

II 次の下線部の動詞を直説法半過去または条件法現在にして（　　　）内に入れ, 各文の意味を言いなさい.

(1) Si je parler （　　　　　） mieux le français, j'habiterais à Paris.

(2) Si j'étais plus riche, j'acheter （　　　　　） une maison de campagne.

(3) Si je savoir （　　　　　） conduire, je vous accompagner （　　　　　） à l'aéroport.

III 次の要素を並べ替えて文をつくりなさい（文頭に来るものも小文字で始めてあります. 平叙文では文末に point をつけること）.

(1) apprennes / au moins / deux / étrangères / il faut / langues / que / tu

(2) comprendre / du / français / française / la connaissance / la culture / mieux / nous / permet de

IV 次のフランス語の文がテキストの内容に一致している場合は○を, 一致していない場合は×を ［ ］ 内に記入しなさい.

(1) Le multilinguisme est une des orientations principales visées par l'Union européenne. ［ ］

(2) Pour entrer dans une SELO, les élèves doivent passer une sélection assez dure. ［ ］

(3) Depuis la création des SELO, les lycéens ont un choix très élargi pour l'apprentissage des langues étrangères. ［ ］

12 » Claude Monet
douze

クロード・モネ

「印象派」と呼ばれる画家たちの中でも,『睡蓮』 Nymphéas シリーズで有名なクロード・モネ Claude Monet の人気はひときわ高いようです. パリのチュイルリー庭園 Jardin des Tuileries 内にあるオランジュリー美術館 Musée de l'Orangerie や,16 区の高級住宅街にあるマルモッタン美術館 Musée Marmottan には,彼の著名な作品が数多く展示されていますので,パリに行く機会があったらぜひ訪れてみてください. ちなみに「印象派」という言葉を最初に用いたのは批評家のルイ・ルロワ Louis Leroy と言われていますが,彼はむしろこの新語に揶揄的なニュアンスをこめていました. ところがその後は皮肉にもこの名称が広く定着することになったのですから,まさに怪我の功名と言わなければなりません.

▌読解のヒント▐

〈n'importe＋疑問詞〉で,「どんな〜でも」という意味の表現を作ることができます. エディット・ピアフ Édith Piaf のシャンソン,『愛の賛歌』 Hymne à l'amour には « Je ferais n'importe quoi, si tu me le demandais. » (私はなんでもするでしょう,あなたが求めたなら) という歌詞が出てきます.

Pendant longtemps, l'une des fonctions principales de la peinture, c'était de reproduire exactement la réalité. Cela a été remis en cause[1] au XIXe siècle. Avec l'invention de la photographie, les peintres n'avaient plus besoin de reproduire exactement la réalité.

C'est aussi au XIXe siècle que le tube de peinture a été inventé. Avant cela, les peintres devaient fabriquer leur peinture et l'utiliser immédiatement. Donc, ils étaient obligés de peindre dans leurs ateliers. Avec l'invention du tube de peinture, ils pouvaient facilement peindre à l'extérieur, dans la nature, n'importe où.

Le peintre impressionniste Claude Monet a vécu à cette époque-là. En 2020, c'est le cent-quatre-vingtième[2] anniversaire de sa naissance.

Au début de sa carrière, Monet a étudié à l'École des Beaux-Arts de Paris[3], mais peu de temps. En effet, il n'était pas d'accord avec l'enseignement académique de la peinture !

À vingt-deux ans, Monet savait déjà comment il voulait peindre ! Il ne voulait pas peindre la réalité ; il voulait peindre son impression face à[4] la réalité, directement dans la nature. Il s'intéressait aux variations de la lumière, aux reflets dans l'eau…

1) remis en cause 〈mettre 〜 en cause〉「…を問題にする」. 〈remettre 〜 en cause〉「…をあらためて問題にする」「問い直す」.
2) cent-quatre-vingtième 従来の綴りでは cent quatre-vingtième.
3) École des Beaux-Arts de Paris パリ美術学校. Grandes Écoles の 1 つで, 6 区にある.
4) face à 〜 「…に向いて」「…を前にして」.

••• CD 13

La technique impressionniste a été inventée pendant l'été 1869. C'est un moment crucial de l'histoire de l'art ! Monet et Renoir étaient sur l'île de la Grenouillère[5], près de Paris, pour peindre. Il y avait beaucoup de monde et d'animation. Les deux peintres peignaient rapidement, par petites touches. Ils 25 voulaient peindre l'ambiance du lieu, pas les détails.

La première exposition des impressionnistes a eu lieu quelques années après, en 1874. À ce moment-là, le mot « impressionnistes » a été utilisé pour la première fois pour qualifier ces peintres. Parmi les tableaux que Monet a exposés, 30 il y avait le célèbre *Impression, soleil levant*[6]. Le nom du mouvement artistique vient de ce tableau.

Aujourd'hui, les œuvres de Monet sont exposées dans les plus grands musées du monde, dont[*6] plusieurs à Paris.

Si vous voyagez en France, vous pourriez les visiter. Et aller 35 à Giverny[7] aussi ! Dans ce village, on peut visiter la maison de Monet. C'est dans le jardin de cette maison qu'il a peint les *Nymphéas*.

. . . .

5) île de la Grenouillère　パリ郊外のセーヌ河畔にある水浴場．île は従来の綴りでは île.
6) *Impression, soleil levant*　『印象，日の出』（1872 年）．現在はマルモッタン美術館にある．
7) Giverny　パリの西北，約 75km にある村．

Exercices »

I 次の名詞に対応する形容詞を書きなさい.

(1) réalité (   )   (2) nature (   )

(3) histoire (   )   (4) village (   )

II 次の各文を受動態にして書き換えなさい.

(1) Claude Monet a inventé une nouvelle technique de peinture.

→

(2) L'impressionnisme a beaucoup influencé les jeunes artistes.

→

(3) On annonce cette affaire dans le journal d'aujourd'hui.

→

III 次の要素を並べ替えて文をつくりなさい（文頭に来るものも小文字で始めてあります. 平叙文では文末に point をつけること）.

(1) a / abandonné / de / face à / il / l'opposition / sa mère / son rêve

(2) avec / il / n'importe / pourrait / qui / voyager

IV 次のフランス語の文がテキストの内容に一致している場合は○を，一致していない場合は×を ［ ］内に記入しなさい.

(1) L'invention de la photographie a remis en cause la fonction de la peinture de reproduire exactement la réalité. ［   ］

(2) Claude Monet a longtemps étudié la théorie académique de la peinture à l'École des Beaux-Arts de Paris. ［   ］

(3) Le mot « impressionnistes » n'a jamais été utilisé avant la première exposition des impressionnistes en 1874. ［   ］

13 》 Les mariages mixtes

treize

混合結婚

　日本では外国の人と結婚することを「国際結婚」と言いますが，移民2世・3世が相当の割合を占めるフランスでは，国籍が同じであっても出自が異なるのは当たり前です．したがって国籍だけでなく，背景となる文化や宗教が異なる者同士の結婚はめずらしくありません．それらを総称して「混合結婚」mariage mixteと言いますが，『最高の花婿』というタイトルで日本でも上映されたフランス映画，*Qu'est-ce qu'on a fait au Bon Dieu ?* (2014年)は，この問題を軽妙なタッチで描いたコメディーとして秀逸でした．しかし考えてみれば，同じ日本人同士でも育った環境や物の考え方の違いに驚くことは日常茶飯事ですから，あらゆる結婚は多かれ少なかれ「混合結婚」であると言うべきなのかもしれません．

||| 読解のヒント |||

　主語になる語句を文の最初に置いてc'est〜で受ける構文はしばしば見かけますが，その場合，動詞の不定法がそのまま名詞の代わりに用いられたり，c'estの後にque〜で文が続いたりするケースもありますので注意してください．*Vouloir, c'est pouvoir.*（成せば成る）；*Le problème, c'est qu'il est paresseux.*（問題は彼が怠け者であることです）

---

13 » Les mariages mixtes

Décider de se marier, c'est une grande décision. Bien sûr, il y a toujours la possibilité de divorcer. En France, un mariage sur deux[(3-1)] se termine par un divorce… Mais, normalement, c'est un engagement pour la vie[1) !

5 *Qu'est-ce qu'on a fait au Bon Dieu ?*[2)] est un film français. Est-ce que vous le connaissez ? On le trouve en DVD au Japon. Le thème de ce film, c'est le mariage. Plus exactement, c'est le mariage mixte.

Un mariage mixte, c'est un mariage entre deux personnes
10 de nationalités, cultures et / ou religions différentes.

Dans *Qu'est-ce qu'on a fait au Bon Dieu ?*, monsieur et madame Verneuil sont des bourgeois catholiques. Ils ont quatre filles. Les trois premières sont mariées avec des Français issus de l'immigration. Ils ont des origines et des religions diverses.
15 Même si les parents Verneuil ne sont pas racistes, c'est difficile à accepter pour eux… Heureusement, leur quatrième fille va bientôt se marier avec un catholique ! Mais, le problème pour les parents, c'est qu'il est d'origine africaine !

Ce film est une comédie qui parle d'un thème actuel de la
20 société française. Les mariages mixtes y sont de plus en plus fréquents.

. . . .

1) pour la vie 「一生の」
2) *Qu'est-ce qu'on a fait au Bon Dieu ?* 直訳すれば『神様になにをした？』（なぜこんな目にあわなければならないのか？）Philippe de Chauveron 監督の映画.

Quand on organise un mariage, il y a mille-et-une[3] choses à préparer. C'est compliqué ! Organiser un mariage mixte l'est[4] encore plus.

Par exemple, si les futurs mariés ont des religions différentes, comment organise-t-on la cérémonie ? On combine les deux religions ? Est-ce qu'on fait une cérémonie laïque ?

Pour le repas, il faut respecter les habitudes alimentaires des deux familles. Par exemple, dans certaines religions, il y a des aliments défendus.

Ainsi, ce n'est pas toujours facile de concilier les familles des futurs mariés. Bien sûr, l'essentiel, c'est de ne pas les choquer ! Pour cela, le dialogue est important : plus on connait[5] la culture de l'autre famille, plus on peut la comprendre, et plus le mariage est facile[6] !

Bref, pour vivre heureux dans un mariage mixte, il faut discuter et faire des compromis. Finalement, c'est comme pour tous les mariages : il faut être tolérant !

· ·

3) mille-et-une　従来の綴りでは mille et une. 1001 は数や種類が多いことを示すためしばしば熟語的に用いられる.
4) l'est　le は文中の属詞（形容詞または名詞）を受ける中性代名詞. 2課「読解のヒント」参照.
5) connait　従来の綴りでは connaît.
6) plus 〜 , plus 〜　「…すればするほど…」

Exercices »

I 次の形容詞に対応する名詞を書きなさい.

(1) divers（　　　　　　）　　(2) difficile（　　　　　　）

(3) laïque（　　　　　　）　　(4) tolérant（　　　　　　）

II 次の各文を指示に従って書き換えなさい.

(1) Il est essentiel de respecter les différences culturelles.
（L'essentiel... で始めて）

→

(2) L'important, c'est de discuter et de faire des compromis.
（Il est important... で始めて）

→

(3) Elle ne veut pas du tout travailler. Ça, c'est le problème.
（Le problème... で始めて一文で）

→

III 次の要素を並べ替えて文をつくりなさい（文頭に来るものも小文字で始めてあります.　平叙文では文末に point をつけること）.

(1) ce / de / du / la France / livre / parle / présidentiel / régime

(2) connait / la situation / le journal / lit / on / on / plus / plus / sociale / ,

IV 次のフランス語の文がテキストの内容に一致している場合は○を, 一致していない場合は×を ［　］ 内に記入しなさい.

(1) En France, la moitié des couples mariés finissent par divorcer.［　］

(2) Dans le film *Qu'est-ce qu'on a fait au Bon Dieu ?*, les parents Verneuil acceptent très bien les diverses origines de leurs gendres. ［　］

(3) Le mariage mixte demande des compromis et de la patience à la différence du mariage non mixte. ［　］

14 » Le Festival de Cannes

quatorze

カンヌ映画祭

ベルリン映画祭，ヴェネツィア映画祭とともに世界の3大映画祭とされるカンヌ映画祭は，映画ファンだけでなく，広く一般の注目を集める国際的なイヴェントとして知られています．2018年に是枝裕和監督の『万引き家族』（フランス語タイトルは *Une affaire de famille*）が最高賞のパルム・ドール Palme d'or を獲得したことは記憶に新しいところですが，これは日本人監督の作品としては5作目の快挙でした．ちなみにベルリン映画祭とヴェネツィア映画祭は一般人でも参加できるのに対し，カンヌ映画祭は原則として映画関係者以外の参加は認められていません．また，会場には国際見本市が併設されていて，映画ビジネスの舞台にもなっています．

| 読解のヒント |

日本語では同じ「映画」でも，cinémaは映画という芸術，filmは個々の映画作品を指すので，意味も用法も異なります．J'aime le *cinéma*.（私は映画が好きです）；J'ai vu un *film* très intéressant.（とても面白い映画を見ました）なお，Je suis allé au *cinéma*.（私は映画を見に行きました）のcinémaは映画館という意味です．

Tous les ans, au mois de mai, des professionnels du cinéma du monde entier se réunissent à Cannes, une ville située sur la Côte d'Azur, pour participer au Festival de cinéma international. Il existe depuis 1946.

5   Chaque année, pour choisir les films qui sont en compétition au Festival, des comités de sélection en regardent environ deux-mille[1]. C'est beaucoup ! Pour la sélection finale, ils en choisissent une vingtaine. Un seul gagne la Palme d'or.

    La Palme d'or, c'est le plus important des prix décernés à 10 Cannes. C'est certainement aussi l'un des plus prestigieux pour le cinéma mondial.

    Choisir quel film gagne la Palme d'or, c'est donc une grande responsabilité pour le jury et son président. Ce sont des personnalités artistiques internationales célèbres. Parmi les 15 présidents du jury passés, on peut citer le réalisateur espagnol Pedro Almodóvar[2], la réalisatrice néozélandaise[3] Jane Campion[4], l'actrice australienne Cate Blanchett[5]...

    Beaucoup de grands films ont gagné la Palme d'or : *Les Parapluies de Cherbourg*, en 1964, *Pulp Fiction*, en 1994, *Underground*, 20 en 1995... Il y a aussi cinq films japonais : *La Porte de l'enfer*, de

---

1) **deux-mille** 従来の綴りでは deux mille.
2) **Pedro Almodóvar** 代表作は『神経衰弱ぎりぎりの女たち』(1988年) や『オール・アバウト・マイ・マザー』(1999年) など.
3) **néozélandaise** 従来の綴りでは néo-zélandaise.
4) **Jane Campion** 『ピアノ・レッスン』(1993年) で女性監督初のパルム・ドールを受賞.
5) **Cate Blanchett** 『エリザベス』(1998年),『ブルージャスミン』(2013年) などで数多くの女優賞を獲得.

••• CD 15

Teinosuke Kinugasa, en 1954 ; *Kagemusha, l'ombre du guerrier*, d'Akira Kurosawa, en 1980 ; *La Ballade de Narayama* et *L'Anguille*, de Shohei Imamura, en 1983 et en 1997. Et, plus récemment, en 2018, Hirokazu Kore-Eda l'a gagnée pour son film dont le titre français est *Une affaire de famille*. 25

Avant celui-ci, sept films de Kore-Eda avaient déjà été présentés à Cannes. D'ailleurs, en 2013, il avait gagné le prix du jury avec son film *Tel père, tel fils*[6]. C'est un habitué du Festival !

Ce réalisateur est un défenseur du cinéma d'auteur[7]. Pour lui, il ne faut pas favoriser les films commerciaux au détriment 30 des films indépendants.

Kore-Eda est très apprécié en Europe et en France. Après sa Palme d'or, il a fait un film en France, en langue française, avec des acteurs français. Quel chalenge[8] ! Les actrices Catherine Deneuve et Juliette Binoche[9] jouent dans ce film. 35

6) *Tel père, tel fils* 「この父にしてこの子あり」という意味の成句だが，日本語の原題は『そして父になる』.

7) cinéma d'auteur 「大衆映画」cinéma grand public に対して，監督の主張や個性を反映した「芸術映画」を指す. 19 課参照.

8) chalenge 従来の綴りでは challenge.

9) Catherine Deneuve et Juliette Binoche 前者については 19 課参照. 後者は『トリコロール / 青の愛』(1993 年)，『イングリッシュ・ペイシェント』(1996 年) などに出演. 2 人とも世界 3 大映画祭のすべてで女優賞を受賞している.

Exercices »

I 次の数字をフランス語の綴りで書きなさい.

(1) 1946 （   ）

(2) 1997 （   ）

(3) 2018 （   ）

II 次の各文の下線部を en で受けて書き換えなさい.

(1) J'ai lu une dizaine de livres français cette année.

→

(2) Il y a cinq films japonais qui ont gagné la Palme d'or.

→

(3) Elle voudrait choisir une cravate bleue pour son mari.

→

III 次の要素を並べ替えて文をつくりなさい（文頭に来るものも小文字で始めてあ
ります. 平叙文では文末に point をつけること）.

(1) célèbres / des / du / est / le prix Nobel / l'un / monde / plus / prix

(2) appréciée / cette / danseuse / en / est / japonaise / Russie / très

IV 次のフランス語の文がテキストの内容に一致している場合は○を，一致してい
ない場合は×を［ ］内に記入しなさい.

(1) La Palme d'or est décernée au meilleur film sélectionné par une
vingtaine de membres du jury. ［   ］

(2) Shohei Imamura est le seul réalisateur japonais qui a gagné
deux fois la Palme d'or. ［   ］

(3) *Une affaire de famille* est le huitième film que le réalisateur
Kore-Eda a présenté au Festival de Cannes. ［   ］

15 ≫ Deux grands chefs
quinze

2人の偉大なシェフ

≪**D**is-moi ce que tu manges, je te dirai ce que tu es. ≫（君が何を食べているか言ってみたまえ，君がどんな人間であるか言ってみせよう）（ブリア゠サヴァラン Brillat-Savarin, 『美味礼賛』*Physiologie du goût*）という言葉が表しているように，「食」は人間の本質と深く関わる営みです．とはいえ，星付きの高級レストランとなると二の足を踏んでしまうのは当然でしょう．レストランを格付けした『ミシュラン・ガイド』*Guide Michelin* は有名ですが，フランスにはもうひとつ『ゴー・エ・ミヨ』*Gault et Millau* というガイドブックもあり，毎年美食家たちの注目を集めています．その両方で長年最高の評価を受けてきた2人の著名な料理人が，2018 年に相次いで亡くなりました．

┃┃読解のヒント┃┃

主節よりも以前に完了したことがらを，現在分詞の複合形で表すことができます．*Ayant terminé* de diner, elle a regardé la télé dans le salon.（夕食を終えると，彼女は居間でテレビを見た）同じことは*Après avoir terminé* de diner, elle a regardé la télé dans le salon.と言うこともできます．

Au XIXe siècle, Auguste Escoffier¹⁾, un grand chef cuisinier, avait codifié la haute cuisine française. Un siècle plus tard, on la servait encore dans les grands restaurants. Mais cette cuisine, classique et assez lourde, ne correspondait plus au gout²⁾ des
5 années 1970³⁾.

La cuisine d'Escoffier a été remise en cause⁽¹²⁻¹⁾ par les critiques gastronomiques Henri Gault et Christian Millau⁴⁾. Les connaissez-vous ? Un guide très célèbre porte leurs noms. Il y a une cinquantaine d'années, ils ont lancé un mouvement
10 culinaire : la nouvelle cuisine.

Les cuisiniers précurseurs de ce mouvement faisaient cuire⁵⁾ les plats moins longtemps. Ils utilisaient moins de sauces. Ils étaient inventifs… Leur nouvelle cuisine était simple, raffinée, légère. C'était une révolution dans l'histoire de la gastronomie !

15 Parmi ces cuisiniers, il y avait Paul Bocuse et Joël Robuchon. Les deux sont décédés en 2018 ; le premier⁶⁾, en janvier, et le second, en aout⁷⁾.

Robuchon était plus jeune que Bocuse. Le premier était né en 1945, et le second, en 1926. Mais dans leurs parcours
20 professionnels, ils avaient beaucoup de points communs.

- -

1) **Auguste Escoffier**　著書『料理の手引き』Le Guide culinaire などでフランス料理の体系化に貢献した.

2) **gout**　従来の綴りでは goût.

3) **années 1970**　「1970 年代」.〈dans les années 〜〉「〜年代には」.

4) **Henri Gault et Christian Millau**　彼らのガイドブックはミシュランと異なり，20 点満点の採点表記.

5) **faisaient cuire**　cuire は他動詞でも用いるが，ここでは自動詞を使役の faire とともに用いている.

6) **le premier**　文中に出てきた 2 人のうち「前者」. 後の le second が「後者」.

7) **aout**　従来の綴りでは août.

Évidemment, ils avaient la passion de la cuisine ! Les deux ont commencé à cuisiner dès l'adolescence.

Également, ils possédaient plusieurs restaurants renommés. Bien sûr, plusieurs d'entre eux étaient étoilés[8] au Guide Michelin.

Bocuse avait seulement trente-deux ans quand il a obtenu 25 sa première étoile. Il en a obtenu une deuxième deux ans plus tard, et une troisième, à l'âge de trente-neuf ans. Incroyable ! Quelle ascension ! Ayant toujours conservé ses trois étoiles, c'était le plus ancien des cuisiniers trois étoiles au monde.

Quant à Robuchon, avec tous ses restaurants, il a accumulé 30 beaucoup d'étoiles au cours de sa carrière ! C'était le chef le plus étoilé au monde. En 2016, il en avait trente-deux !

Les deux chefs étaient très connus internationalement, et notamment au Japon. Ils y ont ouvert leurs premiers restaurants dans les années 1980, dont[*6] le célèbre *Château restaurant* 35 *Taillevent-Robuchon*, dans le quartier d'Ebisu, à Tokyo.

Bocuse et Robuchon étaient des visionnaires qui ont modernisé la gastronomie française. Leur art culinaire était sublimement simple.

....

8) étoilés 「（ミシュランのガイドブックで）星付きの評価を得た」.

Exercices »

次の動詞に対応する名詞を書きなさい.

    (1) correspondre （　　　　　　　） (2) décéder　（　　　　　）

    (3) posséder　　　（　　　　　　　） (4) conserver （　　　　　）

次の各文の下線部を指示に従って書き換えなさい.

    (1) <u>Comme j'ai commencé le piano assez tard</u>, je n'en joue pas très bien.

    （現在分詞複合形を用いて）→

    (2) <u>Après avoir fini son travail</u>, elle s'est reposée un peu sur le canapé.

    （現在分詞複合形を用いて）→

    (3) <u>Ayant bien examiné le contrat</u>, il l'a signé.

    （現在分詞複合形を用いずに）→

次の要素を並べ替えて文をつくりなさい（文頭に来るものも小文字で始めてあります. 平叙文では文末に point をつけること）.

    (1) cuire / dix / il / faire / faut / la viande / minutes / pendant

    (2) avait / de / dès / elle / la cuisine / la passion / l'enfance

次のフランス語の文がテキストの内容に一致している場合は○を，一致していない場合は×を ［　］ 内に記入しなさい.

    (1) Henri Gault et Christian Millau ont conservé la tradition de la haute cuisine codifiée par Auguste Escoffier. ［　］

    (2) Paul Bocuse et Joël Robuchon étaient deux cuisiniers précurseurs de la nouvelle cuisine, plus légère que la classique. ［　］

    (3) Robuchon a accumulé plus d'étoiles que Bocuse avec plusieurs de ses restaurants renommés. ［　］

L'ange blanc

seize

白衣の天使

「白衣の天使」という日本語は女性看護師を指す一般的な呼称として普及していますが，フランス語でも ange blanc という表現が同じ意味で使われます．第1次世界大戦中，フランスでは約10万人の女性たちが戦場で負傷した兵士の看護に従事したと言われていますが，その7割が職業看護師ではない，いわゆるボランティア bénévoles で，その気高い奉仕精神を称えるためにこの言葉が用いられるようになりました．ちょうどその第1次世界大戦が始まった1914年に生を享けたアニエス・ヴァロワ Agnès Valois は，22歳で修道女 sœur となり，第2次世界大戦中は看護師として献身的な活躍をしたことから，単数定冠詞つきで « l'ange blanc » と呼ばれています．

---||| **読解のヒント** |||---

　ceはêtre以外の動詞の主語として用いることはできません．したがって，c'était～，c'étaient～と半過去形にすることはできますが，複合過去形にするときは主語の形を変えてça a été～と言います．なお，レストランでは食後に店員がよく « Ça a été ? » と客に尋ねますが，これは「おいしかったですか？」といった意味の会話表現です．

Pendant la Seconde Guerre mondiale, l'Allemagne nazie occupait plusieurs pays en Europe, dont[*6] la France. Et l'armée allemande continuait d'avancer vers l'est, vers l'Union soviétique. La situation était dramatique pour les Alliés[1].

Alors, le 19 aout[2] 1942, les Alliés ont attaqué l'armée allemande par l'ouest[3]. Ils ont organisé un débarquement sur la côte normande, à Dieppe[4].

L'objectif du raid de Dieppe était d'endommager les infrastructures allemandes sur la côte française, puis de repartir en Angleterre. Environ six-mille[5] soldats alliés ont participé, dont[*6] cinq-mille[6] Canadiens.

Ça a été un fiasco et un carnage pour les Alliés. Il y a eu de nombreux prisonniers, blessés et morts. Le raid était mal préparé…

Après la bataille, l'armée allemande a essayé de sauver les blessés : d'abord, les siens[7] ; ensuite, les ennemis. C'était normal : c'était la guerre…

L'hôpital était dirigé par les Allemands, mais des infirmières françaises les aidaient. C'étaient des religieuses. L'une d'elles était Sœur Agnès-Marie Valois.

1) **Alliés** 第2次世界大戦における「連合国」. 敵対する「枢軸国」はpuissances de l'Axeと言う.
2) **aout** 従来の綴りでは août.
3) **par l'ouest** par は経由する方角を示す.
4) **Dieppe** ノルマンディー地方の港湾都市. 形容詞形から作られた名詞が後出の Dieppois.
5) **six-mille** 従来の綴りでは six mille.
6) **cinq-mille** 従来の綴りでは cinq mille.
7) **les siens** = les blessés de l'armée allemande (ドイツ軍の負傷者たち).

Avec les autres religieuses, elle a soigné les blessés alliés et en a sauvé beaucoup. C'était difficile, et dangereux, car les soldats nazis s'y opposaient. Soigner des soldats qui venaient de les attaquer n'était pas important pour eux…

Après la guerre, les rescapés ont raconté beaucoup d'anecdotes. À l'hôpital, les soldats allemands ont menacé Sœur Agnès-Marie Valois ; ils lui ont donné des coups. La religieuse les a repoussés ; elle a continué les soins. L'infirmière a aussi volé de la nourriture aux Allemands[8] pour la donner aux blessés alliés… 25

Quel dévouement ! Et quel courage ! Sœur Agnès-Marie Valois est une héroïne pour les Dieppois et pour les vétérans du raid. 30

Après la guerre, elle a continué son activité d'infirmière dans un hôpital. Ensuite, elle a vécu dans un monastère. Elle est morte en 2018, à l'âge de cent-trois[9] ans.

Le raid de Dieppe est un moment tragique de l'histoire. Pour le devoir de mémoire[10], notamment auprès des jeunes, chaque année, la Sœur assistait aux commémorations. 35

La guerre est absurde et terrible. Heureusement, des personnes comme Sœur Agnès-Marie Valois apportent de l'espoir. Les rescapés du raid de Dieppe l'appelaient « l'ange blanc ».

---

8) aux Allemands 〈voler ～ à ＋人〉「…から…を盗む」という構文なので，前置詞が de ではないことに注意.

9) cent-trois 従来の綴りでは cent trois.

10) devoir de mémoire 「記憶の義務」．ナチスのユダヤ人虐殺に代表される戦争の悲惨な記憶を後世に継承しなければならないという趣旨で，1990 年代頃から使われるようになった表現.

Exercices »

I 次の都市名に対応する「…市民」という名詞を書きなさい（大文字で始めること）.

    (1) Paris   (   )   (2) Lyon (   )

    (3) Marseille (   )   (4) Nice (   )

II 次の（   ）内に適切な前置詞を入れ，各文の意味を言いなさい.

    (1) Vous pouvez entrer dans le musée (   ) la porte principale.

    (2) Les soldats ont débarqué (   ) la côte atlantique.

    (3) J'ai emprunté 200 euros (   ) mon cousin.

III 次の要素を並べ替えて文をつくりなさい（文頭に来るものも小文字で始めてあります. 平叙文では文末に point をつけること）.

    (1) association / cette / de / d'éliminer / est / les menaces / l'objectif / nucléaires

    (2) a / ai / et / j' / les siens / livres / mes / Pierre

IV 次のフランス語の文がテキストの内容に一致している場合は○を，一致していない場合は×を［ ］内に記入しなさい.

    (1) La grande majorité des soldats alliés qui ont participé au raid de Dieppe étaient canadiens. ［ ］

    (2) Sœur Agnès-Marie Valois a été menacée par les soldats allemands pour leur avoir volé de la nourriture. ［ ］

    (3) Après la Seconde Guerre mondiale, Sœur Agnès-Marie Valois a passé tout le reste de sa vie dans un monastère. ［ ］

Les Plus Beaux Villages
dix-sept

最も美しい村

　フランスの地方には，文字通り絵に描いたように美しい村があちこちに点在していますが，交通の便が悪いため，車がないとなかなか訪れることができません．そのせいで，観光客はどうしても大都市圏に集中しがちでした．しかし 1982 年に「フランスの最も美しい村連合」*Les Plus Beaux Villages de France* という名称の団体が設立されて以来，これらの村を訪れる観光客は飛躍的に増え，地方の活性化に大きく貢献しています．フランスの書店に行くとガイドブックも何種類か発売されていますし，ネットにも公式サイトがありますので（https://www.les-plus-beaux-villages-de-france.org/fr/），ぜひ 1 度覗いてみてください．実際に行ってみたくなること請け合いです．

||| 読解のヒント |||

　voir, regarder, entendre, écouter などを「知覚動詞」と言い，〈〜＋直接目的語＋動詞の不定法〉という形で「…が…するのを見る（聞く）」という意味になります．*J'ai vu* Marie courir.（私はマリーが走っているのを見た）；On *entend* des élèves chanter l'hymne national.（生徒たちが国歌を歌っているのが聞こえる）

17 » Les Plus Beaux Villages

Dans les années 1970⁽¹⁵⁻³⁾, il y avait de moins en moins d'agriculteurs et d'habitants dans les campagnes françaises. La désertification rurale était un problème pour les villages. En effet, inexorablement, ils se dépeuplaient et le patrimoine local
5 était abandonné.

À cette époque-là, monsieur Ceyrac était maire de Collonges-la-Rouge, un village situé dans le département de la Corrèze¹⁾. Il voyait son village mourir petit à petit²⁾.

Un jour, il était en train de³⁾ lire un magazine qui
10 présentait une centaine de jolis villages de France, dont^(*6) le sien. C'est comme ça qu'il a eu l'idée de⁴⁾ créer l'association *Les Plus Beaux Villages de France*.

Monsieur Ceyrac voulait unir plusieurs villages pour protéger, promouvoir et développer leur patrimoine
15 exceptionnel, et pour éviter la désertification rurale.

Il a contacté les maires des villages qui étaient présentés dans le magazine. Soixante-six ont rejoint son projet. L'association *Les Plus Beaux Villages de France* est née en 1982.

Depuis, le nombre de villages qui sont membres de l'association
20 a beaucoup augmenté. Aujourd'hui, il y en a environ cent-soixante⁵⁾.

．．．

1) la Corrèze フランス南西部, Nouvelle-Aquitaine 地域圏の県. ここにある Collonges-la-Rouge 村は建物が赤い砂岩で作られていることからこの名がついた.
2) petit à petit 「少しずつ」. peu à peu もほぼ同じ意味.
3) être en train de ～ 「…しつつある」. 英語の現在進行形に相当する表現.
4) avoir l'idée de ＋不定法 「…しようと思いつく」.
5) cent-soixante 従来の綴りでは cent soixante.

••• CD 18

Pour adhérer à l'association, il y a une sélection. Les critères sont assez stricts. En effet, une seule demande d'adhésion sur(3-1) cinq est acceptée.

Ces villages se trouvent dans toutes les régions de France. Parmi les départements qui en comptent le plus, on peut citer la 25 Dordogne, l'Aveyron et le Vaucluse6).

Les villages de cette association sont très vivants et ils attirent beaucoup de touristes. Par exemple, de nos jours(9-8), cinq-cents7) personnes habitent à Collonges-la-Rouge. Et chaque année, environ sept-cent-mille8) touristes visitent ce village. 30 Monsieur Ceyrac a gagné son pari !

Des associations *Les Plus Beaux Villages* ont été créées dans d'autres pays, dont(*6) celle au Japon9), en 2005. Il y a sans doute un de ces villages près de chez vous. L'avez-vous déjà visité ?

Et, en 2012, la France, l'Italie, le Japon, la province du 35 Québec (au Canada) et la région de Wallonie10) (en Belgique) ont créé l'association internationale *Les Plus Beaux Villages de la Terre* !

Si vous voyagez en France, allez découvrir la campagne française et ses villages. Vous serez émerveillé !

---

6) la Dordogne, l'Aveyron et le Vaucluse　いずれもフランス中南部の県.
7) cinq-cents　従来の綴りでは cinq cents.
8) sept-cent-mille　従来の綴りでは sept cent mille.
9) celle au Japon　NPO 法人「日本で最も美しい村」連合. 2005 年に 7 村で発足し, 2017 年 4 月 1 日現在で 63 の村が加盟している.
10) Wallonie　ベルギーの南半分を占める地域. 大部分はフランス語を公用語とする.

Exercices »

I 次の動詞に対応する名詞を書きなさい.

(1) lire ( ) (2) protéger ( )

(3) promouvoir ( ) (4) découvrir ( )

II 次の各文を ( ) 内の語句に続けて書き換えなさい.

(1) Son bébé dort profondément. (La mère regarde...)

→

(2) Des enfants se battaient dans la rue. (J'ai vu...)

→

(3) L'orchestre répétait la *Symphonie Pastorale* de Beethoven. (Il écoutait...)

→

III 次の要素を並べ替えて文をつくりなさい (文頭に来るものも小文字で始めてあります. 平叙文では文末に point をつけること).

(1) de / en / est / il / le déjeuner / préparer / train

(2) à / avons eu / ce / d'adhérer / l'idée / nous / parti / politique

IV 次のフランス語の文がテキストの内容に一致している場合は○を, 一致していない場合は×を [ ] 内に記入しなさい.

(1) C'est le maire de Collonges-la Rouge qui a pris l'initiative de résoudre le problème de la désertification rurale. [ ]

(2) L'association *Les Plus Beaux Villages de France* accepte autant de demandes d'adhésion que possible pour augmenter le nombre de ses membres. [ ]

(3) Le Japon appartient à l'association internationale *Les Plus Beaux Villages de la Terre* depuis 2005. [ ]

Taxi volant

空飛ぶタクシー

人工知能 intelligence artificielle（IA）の驚異的な進歩によって，車の自動運転があたりまえになる日も遠くなさそうですが，これと並行して空飛ぶタクシー taxi volant の開発競争も過熱しています．エアバス Airbus 社やボーイング Boeing 社はすでに無人操縦で機体を垂直上昇させる実験に成功しており，実用化に向けて大きな 1 歩を踏み出しました．慢性的な渋滞に悩まされている都市部の住民にとって，スマホで呼べばすぐに空からタクシーが現れて目的地まで運んでくれるという時代の到来は，もはや夢物語ではないのかもしれません．ただし技術やコストの問題はもとより，関連する法の整備も含めて，広く普及するまでにクリアすべき課題はまだ残されているようです．

―――||||読解のヒント||||―――

　前の文に出てきた動詞と同じ動詞が後の文で繰り返されるケースでは，これを省略することがしばしばあるので，その場合は頭の中で補って意味をとらなければなりません．Mon père s'occupe de son chien ; ma mère, de son chat.（私の父は犬の面倒を見ていて，母は猫の面倒を見ている）

18 » Taxi volant

dix-huit

L'histoire du film de Luc Besson *Le Cinquième Élément*[1] se passe au XXIIIᵉ siècle. L'un des personnages principaux est chauffeur d'un taxi volant. Bien sûr, c'est un film de science-fiction ; les taxis volants n'existent pas, n'est-ce pas ?

5　En fait, si ! Et tout le monde pourrait les utiliser dans quelques années…

De plus en plus d'entreprises[2] s'intéressent aux moyens de transport du futur : Amazon, à la livraison de marchandises par drone ; les constructeurs automobiles, à la voiture sans
10 chauffeur…

Les constructeurs aéronautiques aussi travaillent sur divers projets. Par exemple, les voitures volantes. Ce n'est pas un projet fou ! C'est une réalité : elles existent déjà aujourd'hui.

Connaissez-vous le constructeur aéronautique européen
15 Airbus[3] ? C'est le principal concurrent de Boeing pour la construction des avions. Airbus est en train de développer plusieurs projets d'engins volants du futur pour les transports de personnes en ville.

Parmi ces projets, il y a Vahana[4]. C'est un ADAV[5] : un
20 aéronef à décollage et atterrissage verticaux. Il est électrique.

....

1) *Le Cinquième Élément*　『フィフス・エレメント』(1997 年). 舞台は 2214 年，主人公はニューヨークのタクシー運転手.
2) de plus en plus (de ～)　「ますます（多くの…）」.
3) Airbus　アメリカの航空機製造産業独占体制に対抗するため，仏独英西 4 か国の共同出資で設立されたヨーロッパの航空機製造会社.
4) Vahana　Airbus 社が開発した電動垂直離着陸機の名称.
5) ADAV　垂直離着陸機. 英語では VTOL (vertical take-off and landing) と言う.

••• CD
19

C'est un véhicule monospace[6] et la place est pour un voyageur. Il n'y a donc aucune place pour un chauffeur... parce qu'il n'y a pas de chauffeur !

En effet, cet engin est autonome. Il effectue automatiquement toutes les opérations : vérification pour la sécurité, préparation 25 du plan de vol, décollage, atterrissage... Il peut aussi gérer les imprévus : éviter un oiseau pendant le vol, par exemple !

Appareil hybride entre hélicoptère, avion, drone et voiture, Vahana est un taxi volant du futur. Et bientôt, il y aura des Vahana dans le ciel. Quelqu'un qui n'est pas au courant[7] 30 pourrait croire voir un ovni[8] : Vahana ressemble à un petit vaisseau spatial !

Mais pourquoi créer des taxis volants ?

Aujourd'hui, dans les grandes villes, le transport est saturé. Les véhicules volants permettront de fluidifier la circulation 35 terrestre.

Cependant, pour que ces engins puissent voler dans nos villes, le défi n'est pas seulement technologique. La législation aussi devra s'adapter à ce nouveau type de transport.

Alors, êtes-vous prêt à utiliser un taxi volant autonome ? 40

6) monospace 本来は「ワンボックスカー」の意だが，ここでは「座席が1つしかない」.
7) qui n'est pas au courant 〈être au courant (de ～)〉「(…を) 知っている」「(…に) 通じている」
8) ovni objet volant non identifié（未確認飛行物体，UFO）の略号.

Exercices »

I 次の名詞に対応する動詞を書きなさい.

    (1) entreprise （　　　　　　）   (2) livraison　（　　　　　　）

    (3) projet　　（　　　　　　）   (4) atterrissage（　　　　　　）

II 次の下線部の動詞を接続法現在にして（　　　）内に入れ，各文の意味を言いなさい.

    (1) Pour que cette invention être （　　　　　）mise en œuvre, il faut d'abord aménager la législation.

    (2) Vous feriez mieux de partir avant qu'il faire （　　　　　）nuit.

    (3) Attendez ici jusqu'à ce que le professeur revenir （　　　　　）.

III 次の要素を並べ替えて文をつくりなさい（文頭に来るものも小文字で始めてあります. 平叙文では文末に point をつけること）.

    (1) ce / de / en / l'action / Provence / roman / se passe

    (2) actuelle / au / courant / de / je / ne / pas / sa / situation / suis

IV 次のフランス語の文がテキストの内容に一致している場合は○を，一致していない場合は×を ［　］内に記入しなさい.

    (1) À présent, les taxis volants n'existent que dans les films de science-fiction. ［　］

    (2) Vahana n'a pas besoin d'un chauffeur parce qu'il effectue automatiquement toutes les opérations nécessaires pour un vol sûr. ［　］

    (3) L'un des objectifs des taxis volants est de fluidifier la circulation terrestre dans les grandes villes. ［　］

19 ≫ Catherine Deneuve

dix-neuf

カトリーヌ・ドヌーヴ

映画ファンでなくても，カトリーヌ・ドヌーヴの名前は聞いたことがあるでしょう．ジ
ャック・ドゥミ Jacques Demy 監督の『シェルブールの雨傘』 Les Parapluies de
Cherbourg で一躍スターダムに駆けのぼり，その後も『昼顔』 Belle de jour や『終電車』
Le dernier métro など数多くの作品に出演，フランスを代表する女優としての地位を確
立しています．その一方で社会的発言も多く，2018 年 1 月には，ハリウッドの元プロデュ
ーサーのセクハラ事件が告発されたことを受けて，「レイプは犯罪だが，しつこく不器用
に口説くのは犯罪ではない」という趣旨の声明文を 100 名ばかりの連名で『ル・モンド』
Le Monde 紙に発表し，世界的女優が「口説く権利」を擁護したとして話題になりました．

━━━━━━◀||▮ 読解のヒント ▮||▶━━━━━━

　本文を読んでみると，他の課とはちょっと文章の感じが違うことに気づくかもしれませ
ん．そう，この課のテキストは基本的に，すべて現在形で書かれています．これは「(歴)
史的現在」présent historique と呼ばれるもので，過去のできごとを生き生きと叙述する
効果があると言われています．7 課でも部分的にこの文体が用いられています．

19 » Catherine Deneuve

En 2018, la Française Catherine Deneuve reçoit, à Tokyo, le Praemium Imperiale[1]. Ce prix, attribué par la famille impériale du Japon au nom de l'Association japonaise des beaux-arts, récompense des artistes dans cinq domaines : architecture,
5 musique, peinture, sculpture et théâtre/cinéma. C'est dans ce dernier domaine que Catherine Deneuve, qui est actrice, est récompensée.

Depuis plus de cinquante ans, elle est très célèbre, en France bien sûr, au Japon aussi et, plus généralement, dans le
10 monde entier.

C'est grâce, notamment, à sa rencontre avec le réalisateur Jacques Demy qu'elle devient une star internationale. En effet, elle joue le premier rôle féminin dans son célèbre film musical *Les Parapluies de Cherbourg*. Ce film reçoit la Palme d'or au Festival
15 de Cannes en 1964.

À ce moment-là, Catherine Deneuve a seulement vingt-et-un[2] ans ! Et tout le monde parle d'elle : elle est belle, gracieuse, talentueuse... Elle incarne l'idéal féminin.

Catherine Deneuve joue ensuite dans trois autres films de
20 Demy, dont(*6) *Les Demoiselles de Rochefort*[3] dans lequel sa sœur

---

1) Praemium Imperiale 「高松宮殿下記念世界文化賞」. ラテン語なので「プレミウム・インペリアーレ」と読む.
2) vingt-et-un 従来の綴りでは vingt et un.
3) *Les Demoiselles de Rochefort* 邦題は『ロシュフォールの恋人たち』（1967 年）.

Françoise et elle ont les rôles principaux. C'est un épisode à la fois heureux et tragique de la vie de l'actrice. D'un côté, elle s'entend bien avec sa sœur pendant le tournage du film et ce film est un succès ; mais d'un autre côté, malheureusement, peu après la sortie du film, Françoise meurt dans un accident de voiture. 25

Ce qui est étonnant dans le succès de Catherine Deneuve, c'est qu'étant jeune, elle n'est pas prédestinée à devenir une star. C'est vrai qu'elle nait[4] dans une famille d'artistes et qu'elle fait du cinéma[5] très jeune, dans un petit rôle. Mais, à ce moment-là, 30 elle n'est pas très enthousiaste à l'idée de devenir actrice.

Pourtant, pendant sa longue carrière, Catherine Deneuve ne cesse de tourner avec les plus grands réalisateurs : Truffaut, Téchiné, Buñuel, Ruiz[6]… Parmi ses films récents, il y a celui d'Hirokazu Kore-Eda, *La Vérité*. 35

Catherine Deneuve est aussi une artiste engagée. Elle défend notamment les causes suivantes : droit à l'IVG[7], lutte contre la peine de mort, mariage homosexuel…

---

4) nait　従来の綴りでは naît.
5) faire du cinéma　ここでは文字通り「映画に出演する」だが, 転じて「芝居がかった態度をする」という意味でも用いられる.
6) Truffaut, Téchiné, Buñuel, Ruiz　Truffaut と Téchiné はフランス, Buñuel はスペイン (のちにメキシコに帰化), Ruiz はチリの映画監督.
7) IVG　interruption volontaire de grossesse (妊娠中絶) の略号.

Exercices ≫ _____

I 次の名詞に対応する職業を表す名詞を書きなさい.

(1) architecture （　　　　　　） (2) musique （　　　　　　）

(3) peinture （　　　　　　） (4) cinéma （　　　　　　）

II 次の2つの文を適切な関係代名詞でつないで1つの文にしなさい.

(1) J'ai acheté son dernier roman.
Ce roman décrit la vie difficile des immigrés.

→

(2) J'ai vu le nouveau film de Kore-Eda.
Catherine Deneuve joue le rôle principal dans ce film.

→

(3) Nous sommes allés voir l'exposition de Picasso.
On parle beaucoup de cette exposition dans le journal.

→

III 次の要素を並べ替えて文をつくりなさい（文頭に来るものも小文字で始めてあります. 平叙文では文末に point をつけること).

(1) ans / de / depuis / dix-huit / du / elle / fait / l'âge / théâtre

(2) a / chose / de / il / incroyable / l'ambassadeur / l'invitation / refusé /,

IV 次のフランス語の文がテキストの内容に一致している場合は○を, 一致していない場合は×を [ ] 内に記入しなさい.

(1) Françoise, la sœur de Catherine, est morte dans un accident de voiture pendant le tournage du film *Les Demoiselles de Rochefort*. [　]

(2) Dès sa jeunesse, Catherine Deneuve faisait du cinéma et avait très envie de devenir une star. [　]

(3) Catherine Deneuve a joué dans beaucoup de films tournés par les plus grands réalisateurs, dont Hirokazu Kore-Eda. [　]

Les Journées européennes du patrimoine

ヨーロッパ文化遺産の日

　ヨーロッパでは毎年9月第3週の週末に，50か国が参加して文化遺産の大規模な一斉公開がおこなわれます．運よくこの時期に現地を訪れた人は，いつもは有料の美術館やモニュメントに無料で入場できたり，原則非公開の施設を見ることができたりしますので，このチャンスを逃す手はありません．特に2018年は「ヨーロッパ文化遺産の年」année européenne du patrimoine culturel とされ，各地でさまざまなイヴェントが催されました．こうした流れに先鞭をつけたのがフランスであったことは，何よりも文化的伝統を重んじるこの国ならではの面目を示すものでしょう．それだけに，2019年4月に発生したノートルダム寺院の火災（10課参照）の衝撃は計り知れません．

|||■ 読解のヒント ■|||

　ジェロンディフ〈en ＋現在分詞〉は文脈によってさまざまなニュアンスで用いられますので，前後の文からその意味を正確に把握する必要があります．Vous arriverez à temps *en prenant* un taxi.（タクシーに乗れば間に合いますよ）；*En sachant* la vérité, elle ne m'a rien dit.（本当のことを知りながら，彼女は何も言ってくれなかった）

Les Journées européennes du patrimoine

Les Journées du patrimoine ont été créées en 1984 par le ministère de la Culture français et son ministre Jack Lang[1]. Depuis lors, elles ont lieu chaque année, le troisième weekend[2] du mois de septembre.

5 Pendant ces Journées, de nombreuses personnes visitent des monuments et des sites, publics et privés. Habituellement, beaucoup de ces lieux sont fermés au public. Ces Journées sont donc une bonne occasion pour découvrir le patrimoine architectural : théâtres, châteaux, banques, mairies, sites
10 scientifiques et industriels...

Les lieux les plus visités se trouvent à Paris. Il s'agit notamment des[8-5] institutions officielles du pays : le palais de l'Élysée (siège de la présidence de la République et résidence officielle du président), les ministères, le palais Bourbon (qui
15 abrite l'Assemblée nationale[3]), le palais du Luxembourg (qui abrite le Sénat[4]), etc.

En suivant l'initiative de la France, plusieurs pays ont rapidement organisé des Journées similaires. Puis, en 1991, le Conseil de l'Europe[5] a officiellement créé les Journées
20 européennes du patrimoine. Aujourd'hui, de nombreux pays

---

1) Jack Lang　フランス社会党 Parti socialiste の政治家.

2) weekend　従来の綴りでは week-end.

3) Assemblée nationale　「国民議会」（下院，日本の衆議院に相当）．palais Bourbon はコンコルド広場の正面のセーヌ河岸にあり，1795 年から議事堂として利用されている.

4) Sénat　「元老院」（上院，日本の参議院に相当）．これが置かれている palais du Luxembourg の庭園がリュクサンブール公園.

5) Conseil de l'Europe　「欧州評議会」．ヨーロッパ統合に取り組む国際機関として 1949 年に設立.

••• CD 21

participent à cet évènement[6].

C'est un évènement important, car il fait la promotion de la culture et de l'histoire de l'Europe auprès du grand public. En visitant divers lieux, les Européens prennent mieux conscience de[7] leur richesse patrimoniale commune, celle de leur pays, mais aussi celle des pays voisins. 25

De nos jours[9-8], la notion de patrimoine est universelle. Et tous les pays veulent inscrire leur patrimoine sur la liste de l'UNESCO[4-1]. Mais cette liste existe seulement depuis 1978. À l'époque actuelle, protéger le patrimoine est quelque chose qui 30 nous parait[8] normal ; ce n'était pas le cas il y a un siècle.

Malheureusement, en France, de très nombreux monuments historiques sont en mauvais état ; certains sont en péril. L'objectif des Journées du patrimoine, c'est de mettre en valeur[9] le patrimoine, et c'est aussi de sensibiliser la population 35 à la nécessité de plus le protéger.

En tout cas, les Français aiment leur patrimoine. Chaque année, ces Journées sont un succès, avec environ douze-millions[10] de visites. C'est pas mal !

....

6) évènement 従来の綴りでは événement.
7) prendre conscience de ～ 「…を意識する，自覚する」.
8) parait 従来の綴りでは paraît.
9) mettre ～ en valeur 「…を活かす，活用する」.
10) douze-millions 従来の綴りでは douze millions.

Exercices »

I 次の名詞に対応する形容詞を書きなさい.

(1) patrimoine （　　　　　　　） (2) banque （　　　　　　　　）

(3) résidence （　　　　　　　） (4) nécessité （　　　　　　　　）

II 次の各文の下線部をジェロンディフを用いて書き換えなさい.

(1) <u>Si vous travaillez encore plus</u>, vous pourrez gagner plus d'argent.

→

(2) Ne bavarde pas <u>quand tu manges de la soupe</u>.

→

(3) <u>Il savait que j'étais en difficulté, mais</u> il n'a rien fait pour moi.

→

III 次の要素を並べ替えて文をつくりなさい（文頭に来るものも小文字で始めてあります. 平叙文では文末に point をつけること）.

(1) conscience / de / devrais / faiblesses / prendre / tes / tu

(2) en / état / faut / historiques / il / les monuments / mauvais / restaurer

IV 次のフランス語の文がテキストの内容に一致している場合は○を，一致していない場合は×を ［　］内に記入しなさい.

(1) Pendant les Journées du patrimoine, on peut entrer dans beaucoup de bâtiments qu'on n'a pas le droit de visiter habituellement. ［　］

(2) Jusqu'en 1991, la France était le seul pays européen à organiser les Journées du patrimoine. ［　］

(3) Il y a un siècle, on n'était pas si sensible à la nécessité de protéger le patrimoine. ［　］

フランス全土

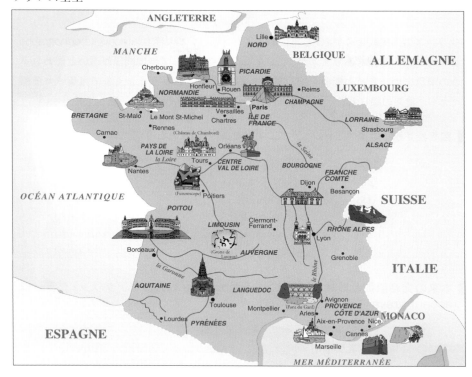

パリ市内

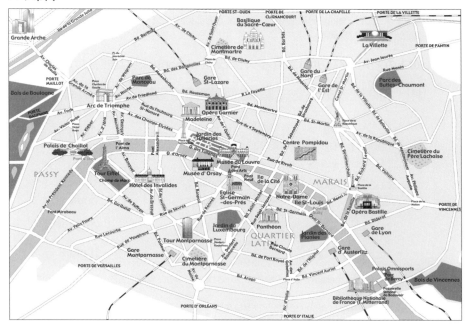

❖ 新しい綴り字について ≫ _____

　フランスの国民教育省が2016年に導入した「新しい綴り字」la nouvelle orthographe にはいくつかの原則がありますが，ここでは学習者にとって特に関係が深いと思われる 6つの項目についてその概要を記しておきます．なお，これらはあくまで推奨される綴りであり，従来の綴りも並行して用いられていますので，その点に注意してください．

1 数を表す綴りはすべてトレ・デュニオン trait d'union (-) でつなぐ．

〔例〕

数字	従来の綴り	新しい綴り
21	vingt et un	vingt-et-un
108	cent huit	cent-huit
312	trois cent douze	trois-cent-douze
1061	mille soixante et un	mille-soixante-et-un
2020	deux mille vingt	deux-mille-vingt

2 本来の発音原則と異なるアクサン・テギュ accent aigu をアクサン・グラーヴ accent grave に替える．

〔例〕

意味	従来の綴り	新しい綴り
乳製品店	crémerie	crèmerie
できごと	événement	évènement
規制する	réglementer	règlementer
より好む（単純未来形）	je préférerai	je préfèrerai *

* céder, célébrer, inquiéter, répéter などの動詞についても同様．また，条件法現在形 についても同様．

3 i と u の上のアクサン・シルコンフレクス accent circonflexe は原則として省略する．

〔例〕

意味	従来の綴り	新しい綴り
8月	août	aout
箱	boîte	boite
夕食（をとる）	dîner	diner
味・趣味	goût	gout
燃やす	brûler	bruler
値段が〜である	coûter	couter
知っている (connaitre・3・単)	il connaît	il connait *
〜の気に入る (plaire・3・単)	il plaît	il plait

* naitre, paraitre などの動詞についても同様．また，単純未来形，条件法現在形につい ても同様．

** dû, mûr, sûr のように，アクサンを取ってしまうと別の単語と混同される可能性のあ る場合はそのまま．

4 -gu の後につく e と i の上のトレマ tréma を u の上に移動させる.

〔例〕

意味	従来の綴り	新しい綴り
尖った, 鋭い	aiguë	aigüe
あいまいな	ambiguë	ambigüe
あいまいさ	ambiguïté	ambigüité

5 -eler -eter で終わる動詞の活用形で子音字を重ねるものは, 子音字を重ねずに直前の e にアクサン・グラーヴをつける. 名詞も同様.

〔例〕

意味	従来の綴り	新しい綴り
積み上げる	j'amoncelle	j'amoncèle
更新する	je renouvelle	je renouvèle
更新	renouvellement	renouvèlement

* ただし, 子音字を重ねる綴りが常用化している appeler（呼ぶ）, jeter（投げる）などの動詞については従来通り.
  je m'appelle, il jette, etc.

6 変則的な綴りを発音規則に合わせて標準化する. 2 種類の綴りが併用されている単語は標準的な方に統一する.

〔例〕

意味	従来の綴り	新しい綴り
玉ねぎ	oignon	ognon
鍵	clé, clef	clé
スプーン	cuiller, cuillère	cuillère

参考文献：ミシェル・サガズ, 常盤僚子著『フランス語新つづり字ハンドブック』（2018 年, 白水社）

時事フランス語　2020年度版

| 検印
省略 | Ⓒ 2020年 1 月 15 日　初版発行 |

編著者　　　　　　　　石 井 洋 二 郎
　　　　　　　　　　ミシェル・サガズ

発行者　　　　　　　　原　　雅　久
発行所　　　　株式会社 朝 日 出 版 社
　　　101-0065 東京都千代田区西神田3-3-5
　　　　　　　電話（03）3239-0271・72
　　　　　　　振替口座　00140-2-46008
　　　　　　　http://www.asahipress.com
　　　　　　　信毎書籍印刷㈱